JN092830

図解ポケット

Shuwasystem
A book to explain
with figure
: Library

最新**民法**が
よくわかる本

2020年
民法改正
対応版

三木 邦裕 著

秀和システム

はじめに

　2020年（令和2年）4月1日施行の民法改正の理由は大きく2つあります。

　まず、一つ目ですが、民法制定は1896年（明治29年）です。条文が簡潔だったため、解釈が重要で、判例を読まなければ民法が理解できないというものでした。これも困りものです。そこで、今回の改正では、わかりやすい民法という観点から見直しがなされました。

　二つ目ですが、制定から120年以上経っていて、時代は大きく変わりました。制定当時の民法が予想だにしなかった事象が多く出現しました。それを解決したのは主に判例です。

　そこで、今回の改正ではそれらの判例理論を明文化したのです。
　特に債権法は、変化の激しい現在の社会経済に対応していない条文が多く、大幅な修正が加えられました。
　しかし、以上によってすべてが解決したわけではありません。これからも考えもつかない事象が新たに起こることでしょう。そして、いつの日にかまた民法が改正されることとなるのでしょう。

　ともあれ、一つの結論を得ました。
　私たちは、この改正された民法を基本に、様々な事象に対峙することになります。

今回の改正が与える影響は、法律を専門にする人だけにとどまりません。私たちが日常生活を送る中では、賃貸や近隣とのトラブルなど多くの場面で法律の知識が必要となるだけに、知っておいても決して無駄にはなりません。

　もちろんビジネス面でも、民法改正を知らないと、日々激動する現代社会に対応することはできません。

　たとえば、賃貸や売買などの不動産関連の業界や、今回新設された定型取引の約款契約に関連するIT、保険、金融実務のほか人事・雇用などの労働関係など、様々な業界、分野に大きな影響が生じています。

　今回の改正に戸惑うことなく、民法がいかに生活にビジネスに必要とされているかを認識されるとともに、ぜひこの機会にこの一冊をお手元に置き、日々活用していただくことを祈念しています。

2020年1月

著者　三木邦裕

本書の仕組み

　本書では、改正される債権法の中でも特に企業法務や取引への影響が大きい分野を取り上げました。これらの分野は、社会・経済の変化に対応するための改正と、一般にわかりやすいように明文化するための改正の二つに大別できます。

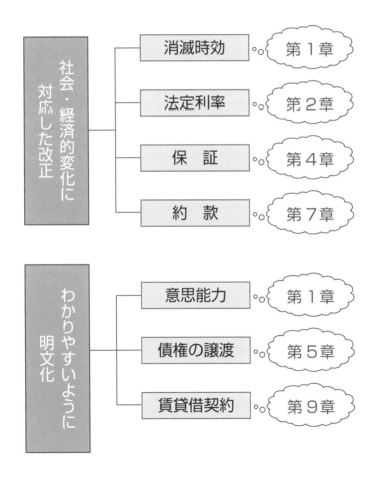

社会・経済的変化に対応した改正	消滅時効	第1章
	法定利率	第2章
	保　証	第4章
	約　款	第7章

わかりやすいように明文化	意思能力	第1章
	債権の譲渡	第5章
	賃貸借契約	第9章

民法概要と本書掲載の改正項目

（□囲みが主な改正事項）

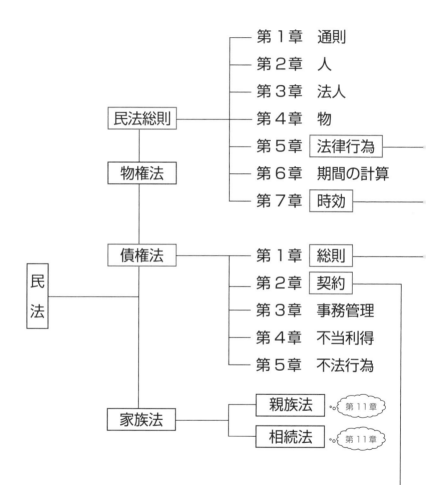

民法

- 民法総則
  - 第1章　通則
  - 第2章　人
  - 第3章　法人
  - 第4章　物
  - 第5章　法律行為
  - 第6章　期間の計算
  - 第7章　時効
- 物権法
- 債権法
  - 第1章　総則
  - 第2章　契約
  - 第3章　事務管理
  - 第4章　不当利得
  - 第5章　不法行為
- 家族法
  - 親族法　。。第11章
  - 相続法　。。第11章

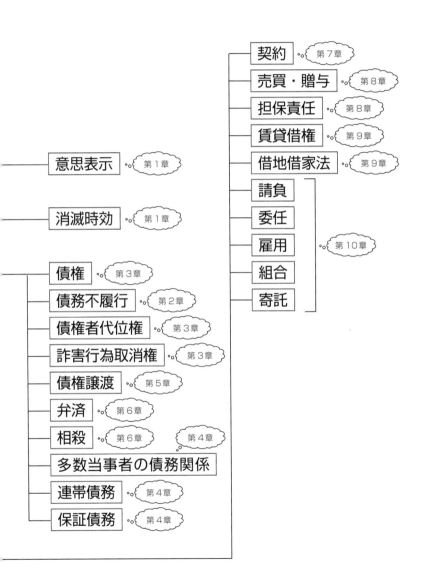

意思表示 ○。第1章

消滅時効 ○。第1章

契約 ○。第7章

売買・贈与 ○。第8章

担保責任 ○。第8章

賃貸借権 ○。第9章

借地借家法 ○。第9章

請負

委任

雇用 ○。第10章

組合

寄託

債権 ○。第3章

債務不履行 ○。第2章

債権者代位権 ○。第3章

詐害行為取消権 ○。第3章

債権譲渡 ○。第5章

弁済 ○。第6章

相殺 ○。第6章 第4章

多数当事者の債務関係 ○。

連帯債務 ○。第4章

保証債務 ○。第4章

民法の全体構成と債権法

　今回の民法改正は、「債権法改正」といわれるように、民法の中でも債権法を中心に改正されました。

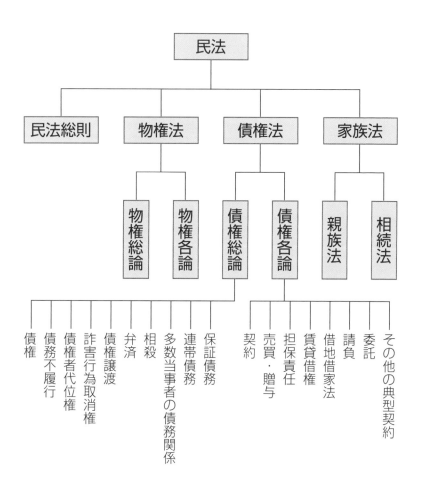

図解ポケット
最新民法がよくわかる本
[2020年民法改正対応版]

3 債権者の特別な権利

4 多数当事者の債権債務関係

5 債権・債務の移転

6 弁済

意思表示、消滅時効

　最初に家族法を除く民法全体に関係する項目を見ていくことにします。

　この章では、民法全体に共通する総則に関する事柄、特に意思表示と、今回の改正の中心となる債権の消滅時効について取り上げています。

　ビジネスの法律問題を考える場合でも、法律全体又は民法全体を理解しておかなければなりません。そうでなければ、問題の本質が見えないのです。

　そういう事情を踏まえて、まず、この章から始めましょう。

錯誤

本人が錯誤（勘違い）であることに気づかないまま契約合意の意思表示をした場合、その契約の効力と相手方さらには第三者との関係はどうなるのでしょう。

錯誤は、一般的には「間違い」「誤り」といった意味があります。

民法でいう錯誤とは、表意者（意思表示した本人）が内心で思っていることと意思表示が食い違っていることを、表意者自身が気づかないような場合です。

旧法では、表意者の意思表示は、原則として「有効」ですが、錯誤のように口から出た言葉が内心で思っていることと食い違う場合は「無効」とされていました。しかし、意思表示に重大な過失がない場合、有効とされていました。

1 錯誤の明確化と判例の明文化（改正の要点）

新法では、以下のような変更がなされました。

●対象となる錯誤の明確化

旧法では、取消しの対象となる錯誤について明確ではありませんでした。新法では、これを以下の2種類に分けました。

・表示の錯誤

これは、表意者が間違って真意と異なる意思を表明した場合です。

たとえば、100万円の商品を10万円と勘違いして買うという意思表示をした場合です。

・動機の錯誤

これは、表意者は真意どおりに意思を表明しているが、その真意が何らかの誤解に基づいていた場合です。

たとえば、購入したい土地の近くに駅ができる予定であるから売買契約をしたが、駅の予定はなかったという場合です。

この場合、表意者の意思表示はその動機が表示されていれば、無効なものとして取り扱われていました。

●判例の明文化と錯誤の効果

旧法では、錯誤がある場合の意思表示は「無効」と定められていましたが、新法では「取り消すことができる」ものとされました。

「無効」というのは、何の意思表示もなかったとみなされることを意味します。

たとえば、AがBにX土地を売却するとして、AB間の売買契約が「無効」であれば、その売買契約はなかったことになります。

「取消し」とは、たとえば、上記の売買契約の例でBが強迫をしたような場合に、Aが「契約はなかったことにしよう」と言うことによって、その売買契約をなかったことにできる、というものです。

ただし、錯誤の効果が「無効」から「取消し」に変更されたことによって、追認に関する規定も適用されることになります。そのため、たとえ意思表示に錯誤があっても、追認をすれば以後取消しはできなくなります。

また、新たに、善意無過失の第三者には対抗できないという定めが設けられました。これは判例を明文化したものとされています。

● 重過失

旧法では、錯誤で売買契約をした場合は、何もなかったことになると されていたのです。ただし、意思表示に重大な過失がない場合は有効と されていました。

新法では、錯誤はその意思表示に重大な過失がない限り「取消し」事 由となりました。また、動機の錯誤は、その事情が法律行為の基礎とさ れていることが表示されていたときに限り、「取消し」事由となりました。

ただし、次の二つの例外が定められました。

・相手方が、表意者に錯誤があることを知っていたか、又は、重大な過 失によって知らなかったとき。
・相手方が、表意者と同じ錯誤に陥っていたとき。

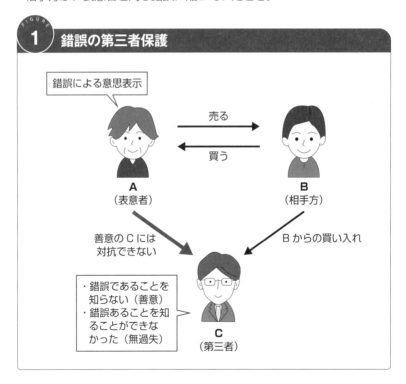

FIGURE
1 錯誤の第三者保護

錯誤による意思表示

売る →
← 買う

A
（表意者）

B
（相手方）

善意のCには
対抗できない

Bからの買い入れ

・錯誤であることを
知らない（善意）
・錯誤あることを知
ることができな
かった（無過失）

C
（第三者）

心裡留保

> 表意者自身が嘘や冗談であることを自覚しながら契約合意の意
> 思表示をした場合、その契約の効力と相手方さらには第三者との
> 関係はどうなるのでしょう。

心裡留保という言葉は、日常、あまり耳にすることはないと思いますが、一般的には嘘や冗談のことを意味します。ただし、民法では「心裡留保というのは、意思表示する人が、真意と異なることを自分では認識しながら、相手にはその真意でない内容を意思表示すること」をいいます。

心裡留保について、旧法では「意思表示は、表意者がその真意ではないことを知っていた時であっても、そのためにその効力を妨げられない。ただし、相手方がその意思表示が表意者の真意ではないことを知り、又は知ることができたときは、その意思表示は、無効とする」と定められています。

たとえば、Aが所有するX土地をBがほしがっているのを知り、Aが売る気もないのに、Bに「売ってやる」といい、AB間にX土地の売買契約が成立した場合などです。この売買契約は有効となります。

しかし、Bが「Aに売る気がないことを知っていたり、知ることができたのに過失で知らなかった場合」には売買契約は無効となります。この無効となった場合に、第三者のCがそんな事情があったことを知らずに、BからX土地を買った場合、Cの所有権は保護されます。

旧法では、この善意（事情を知らない）の第三者（本件ではC）を保護する規定が存在しませんでした。ただ、判例はこのような場合、善意の第三者を保護する判断をしていました。

1 第三者保護に関する規定（改正の要点）

　そこで、新法では以下の「第三者保護に関する規定」が新設されました。

　新法では、長年積み重ねた判例理論に従い、「Cが善意だった場合、嘘の意思表示をした者（本件ではA）は、これに対抗することはできない」旨の明文を規定しました。

　なお、第三者が保護されるためには善意でよく、無過失までは必要としない旨も明らかになりました。明文化により根拠条文ができたことは、第三者保護の法的安定に寄与すると思います。

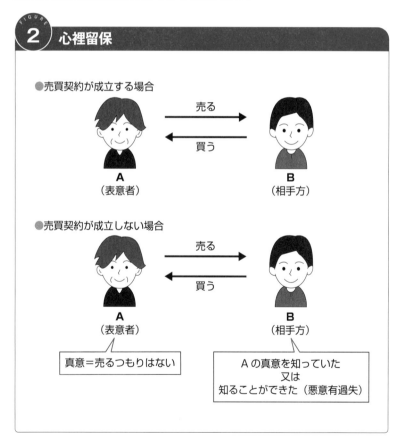

FIGURE 2　心裡留保

●売買契約が成立する場合

売る →
← 買う

A
（表意者）

B
（相手方）

●売買契約が成立しない場合

売る →
← 買う

A
（表意者）

B
（相手方）

真意＝売るつもりはない

Aの真意を知っていた
又は
知ることができた（悪意有過失）

代理権の濫用

> 代理人が代理権の範囲内で、本人ではなく自己や第三者の利益を図る目的で代理行為をした場合、その効力はどうなるのでしょう。

代理権の濫用とは、「代理人が代理権の範囲内の行為をしたが、この代理行為は本人のためではなく、代理人自身又は第三者のために行った」という場合です。代理権の濫用の代表的なものとして、代理権の委託主である本人に入る金銭を代理人が懐に入れる場合があります。

たとえば、AがBに土地売却の代理を依頼し、Cに土地を売却しました。しかし、Bが初めから代金を自己又は第三者のために利用する目的があった場合、Bの代理行為は有効といえるでしょうか。

判例は、心裡留保に関する93条但書きを類推適用し、CがBの意図について悪意又は善意・有過失であった場合は、この代理行為を無効としていました。なぜなら、このような場合は、代理人Bを本人（本例ではA）と同一とみなし*て、相手方（本例ではC）を保護する必要性はないと判断したからです。

1 代理人への責任追及が可能に（改正の要点）

問題となったのは、上記の例でも代理人Bは、**代理行為**の効果を本人に帰属させる意思があり、その点、心裡留保の規定を類推するのはいかがなものかという学説の反論があり、これを明文化する必要があったという点です。

---

*みなす　本来はそうでなくても、法律上、そのようなものとして取り扱うこと。類似の表現で「推定する」は、明確ではないがそのようなものと判断する、ということであり、事実と違っている場合は修正することが容易。

そこで、新民法では以下の規定が新設されました。

　「代理人が自己又は第三者の利益を図る目的で代理権の範囲内の行為をした場合において、相手方がその目的を知り、又は知ることができたときは、その行為は、代理権を有しない者がした行為とみなす。」（第107条）

　今回の改正では**効果帰属**を**無権代理**と同様に扱い、完全な無効としなかったということです。これで、当該行為の本人による追認、代理人に対する**責任追及**が可能となりました。

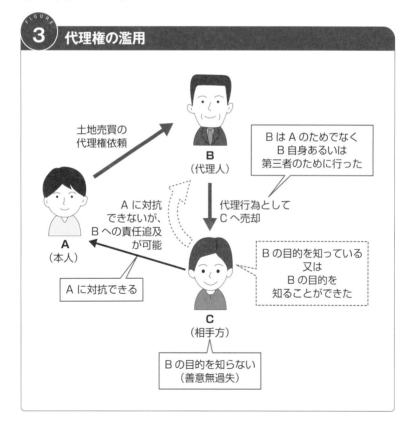

FIGURE 3　代理権の濫用

土地売買の
代理権依頼

B
（代理人）

B は A のためでなく
B 自身あるいは
第三者のために行った

A に対抗
できないが、
B への責任追及
が可能

代理行為として
C へ売却

A
（本人）

A に対抗できる

B の目的を知っている
又は
B の目的を
知ることができた

C
（相手方）

B の目的を知らない
（善意無過失）

表見代理の重畳適用

表見代理というのは、代理権がないにもかかわらずあたかも代理権があるとして、代理人と称する者が代理行為をすることですが、その代理行為の効力と、本人及び相手方に及ぼす影響はどうなるのでしょう。

表見代理というのは、代理権がないにもかかわらず、あたかも代理権があるとして代理人と称する者が代理行為を行うことです。

●代理権授与の表示による表見代理

「代理権授与の表示による表見代理」とは、本人が他人に代理権を与えていないのに、あたかも代理権を与えたかのように、第三者に対して表示（代理権授与表示）した場合、代理権を与えられたように見えた者を、本当の代理人と信じて取引をした第三者を保護するための規定です。

さらに、この代理人として扱われる者が、本人から与えられたとされる代理権を超えて法律行為を行ったときは、民法110条と同時に適用される（重畳適用*）というのが判例でした。しかし、旧法では、このような規定はありませんでした。

1 代理権消滅後の表見代理（改正の要点）

そこで新法では、表見代理における重畳適用の判例を明文化しました。

たとえば、AがBに土地の賃貸について代理権を与えた旨を第三者に表示しました。しかし、BはAの代理人として当該土地を賃貸するのではなくCに売却してしまった、という場合です。

この場合、代理人Bに与えられたとされる権限は「土地の賃貸」の権限ですが、その権限を超えて売却してしまったことになります。

この場合でも、相手方（本件ではC）が、Bの代理権は「土地の売買」

＊**重畳適用** 複数の規定が同時に適用されること。

の代理権であり、Ｂの行為は代理権の権限範囲内だったと信ずべき正当な理由があれば、本人は「土地の売買契約」の代理権を与えたとして、ＡＣ間の土地の売買契約が成立するということです。

表見代理は、もともと代理権があってそれが消滅した場合も適用されます。では、これはどういう場合に適用されるのでしょうか。

もともと、真正な代理権があったが、それが消滅したあとになされた代理行為について、代理権があると信頼して取引した相手方を保護するために、代理権消滅後（たとえば、委任契約の終了後）もなお代理権があったかのように取り扱うことを「**代理権消滅後の表見代理**」といいます。

さらに、この代理人として扱われる者が、本人から与えられたとされる代理権を超えて法律行為を行ったときは、民法 110 条との**重畳適用**があるというのが判例でした。しかし、旧法には、このような規定はありませんでした。

② 重畳適用の明文化（改正の要点）

そこで新法では、代理権消滅後の表見代理においての重畳適用を明文化しました。

たとえば、ＡがＢに「土地の賃貸」について代理権を与えましたが、その後、ＡＢ間の委任契約が終了し、Ｂの代理権が消滅しました。しかし、Ｂは代理権の消滅後に当該土地をＡの代理人としてＣに売却してしまった、という場合です。

この場合、代理人Ｂに与えられた権限は「土地の賃貸」の権限ですが、その権限が消滅しているにもかかわらず、その元の権限を超えて売却をしてしまったことになります。この場合でも、相手方（本件ではＣ）が、Ｂの代理権は「土地の売買」の代理権であり、その代理権が消滅していないと信ずべき正当な理由があれば、ＡＣ間の土地の売買契約が成立するということです。

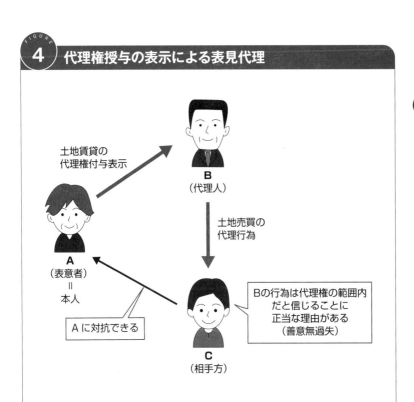

FIGURE
4 代理権授与の表示による表見代理

土地賃貸の
代理権付与表示

B
（代理人）

土地売買の
代理行為

A
（表意者）
＝
本人

Aに対抗できる

Bの行為は代理権の範囲内
だと信じることに
正当な理由がある
（善意無過失）

C
（相手方）

代理権が消滅しても、相手方が代理行為を信じることに正当な理由があれば、売買契約は成立するよ。

原状回復義務

契約が途中解除や満了で終了した場合、借主は借りた物を借り
た時点と同じ状態で貸主に戻す義務があるのでしょうか。

契約が無効で解除された場合、契約は初めからなかったことになりま
すが、すでに履行された部分があった場合には、双方が**原状回復**をしな
ければなりません。

たとえば、AがBの詐欺により甲土地（時価1億円）を5000万円で
売却し、Aが取り消した場合、AB間の契約は契約締結時点に遡って無
効となります。このとき、AはBに5000万円（利息も付ける）を返還し、
Bは甲土地を返還しなければなりません。

これが原状回復の義務です。これは契約が最初から無効であった場合
も同様です。

ただ、この例で、Aが**制限行為能力者**の場合は、**現存利益**（現に利益
を受けている限度）を返還すれば足ります。

1 無償契約無効の場合の規定（改正の要点）

新法では、原状回復の義務のルールは変わりませんが、**無償契約**（た
とえば、贈与契約）が無効だった場合についての規定を追加しています。

たとえば、Aが無償で100万円の金銭をBに贈与したとすると、Bは、
ただでもらったものを使うのは当然ではないでしょうか。当該契約が無
効だった場合、なぜ返還するのに利息まで必要なのかという問題です。

新法では現存利益を返還すればいいと規定しました。つまり、現に利
益を受けている限度で**返還義務**があります。しかし、Bがこの100万
円を競馬ですっかり使ってしまった場合は、本件で返還の必要はありま

せん。

なぜなら、Bは 100 万円からは何の利益も得ていないことになるからです。ただ、B が初めからこの契約が無効であったことを知っていた場合は、やはり利息付きで返還する必要があります。

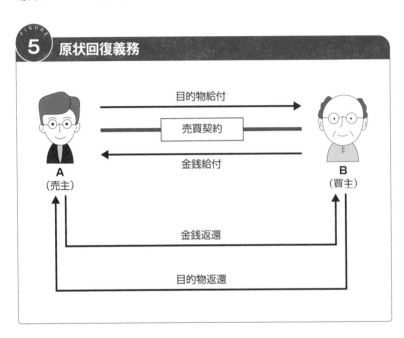

FIGURE

5 原状回復義務

目的物給付 →

売買契約

← 金銭給付

A
（売主）

B
（買主）

金銭返還

目的物返還

無償債権契約でも、現に利益を受けている限度で原状回復の義務はある。

債権の消滅時効

債権の消滅時効とは、時間の経過によって、行使できる債権が消滅することです。

時効には、一定の期間経過で権利を取得する**取得時効**と権利が消滅する**消滅時効**があります。消滅時効とは、当事者双方の権利と義務が時間の経過によって消滅する制度です。

債権の消滅時効とは、時間の経過によって、行使できる債権が消滅することをいいます。

消滅時効を考える場合に大切なのは、いつを起算点とするかということです。

・消滅時効の起算点

旧法では、消滅時効の起算点を「権利を行使することができる時」と規定していました。

たとえば、2020 年 5 月 1 日から請求できるのであれば、2020 年 5 月 1 日が起算点となります。

・消滅時効期間

旧法では、**消滅時効期間**を「10 年」と規定していました。つまり、上記の例では 2020 年 5 月 1 日から 10 年間経過すれば、その時点で消滅時効となっていたのです。

・その他消滅時効期間

民法には、**短期消滅時効期間**（たとえば、1 年・2 年・3 年等）が規定されていました。たとえば、飲み屋のツケは 1 年間でした。

また、商行為によって生じた債権の消滅時効期間は、原則として5 年でした。

1 起算点と消滅時効期間（改正の要点）

　新法では、起算点と消滅時効期間について、以下の二つに分けて明文化されました。また、商法上の時効も民法と同様になることが規定されました。

①債権者が権利を行使できる時（客観的起算点）から10年が経過したとき。
②債権者が権利を行使することができることを知った時（主観的起算点）から5年が経過したとき。

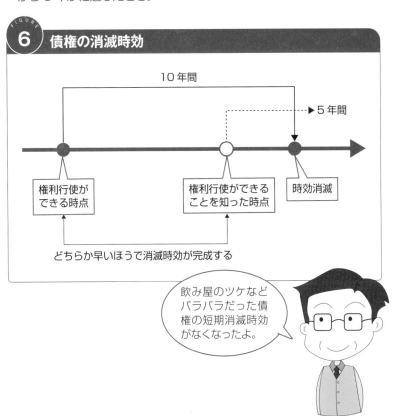

FIGURE
6 債権の消滅時効

10年間

▶5年間

権利行使が
できる時点

権利行使ができる
ことを知った時点

時効消滅

どちらか早いほうで消滅時効が完成する

飲み屋のツケなどバラバラだった債権の短期消滅時効がなくなったよ。

不法行為債権の消滅時効

不法行為債権とは、不法行為に基づく損害賠償請求債権のことですが、その消滅時効には、権利者が損害と加害者を知った時から3年、権利行使できる時から20年の2種類があります。

不法行為債権とは、不法行為に基づく**損害賠償請求権**のことです。

また、消滅時効とは、前項にあるように債権者が一定期間権利を行使しないことによって債権が消滅するという制度をいいます。

不法行為の典型的な例として、交通事故の被害者と加害者の関係が挙げられます。

加害者が故意に事故を起こしたり、もしくは加害者に過失がある場合には、加害者は被害者に損害賠償をしなければなりません。ただし、このような不法行為での損害賠償請求権は、いつまでも可能というわけではありません。

では、不法行為債権が消滅する時効について考えてみましょう。

●時効期間

旧法は、「不法行為による損害賠償の請求権は、被害者又はその法定代理人が損害及び加害者を知った時から3年間行使しないときは、時効によって消滅する。不法行為の時から20年を経過したときも、同様とする。」と規定していました。

後半の20年に関しては、これを**除斥期間**とする判例と**時効期間**とする判例が存在していました。

なお、除斥期間というのは、時効の場合のような中断や停止がなく、援用も不要という制度です。

1 時効による消滅の規定（改正の要点）

新法は「不法行為から20年による権利の消滅」を「除斥期間」とする説を退け、「時効」による消滅と定めました。また、「被害者又はその法定代理人が損害及び加害者を知った時から3年間行使しないとき」とする時効も存続させました。

これにより、不法行為より20年の間であれば、「被害者又はその法定代理人が損害及び加害者を知った時から3年が経過しない限り」、権利行使の機会を確保できることが明確になりました。

また、不法行為から20年の期間が経過したあとでも、被害者やその遺族が被害の事実を知ることになった場合には、時効の援用があっても、**信義誠実の原則***違反や**権利濫用法理**によって、被害者の救済が可能となりました。

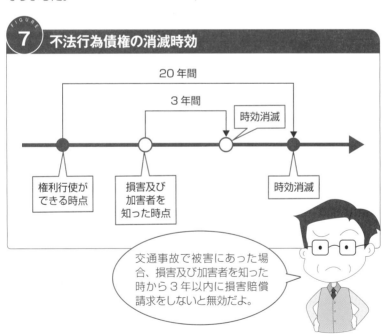

FIGURE 7 **不法行為債権の消滅時効**

20年間

3年間

時効消滅

権利行使ができる時点／損害及び加害者を知った時点／時効消滅

交通事故で被害にあった場合、損害及び加害者を知った時から3年以内に損害賠償請求をしないと無効だよ。

***信義誠実の原則** 契約の当事者が相互に、相手方の正当な期待に沿うよう行動すること。

信玄公旗掛松事件と「権利の濫用」

　武田信玄といえば、多くの皆さんがご存じだと思います。また、その旗の文字「風林火山」も有名です。

　その信玄公が、戦（いくさ）の際に、当該軍旗を立て掛けたといわれる松にかかわる事件を紹介しましょう。

　山梨県日野原村に信玄公の軍旗が立て掛けられた松（通称、信玄公旗掛松（はたかけまつ））がありました。

　明治の終わり頃、甲武鉄道のあとを継いだ中央本線を走る汽車の煙により、この松が枯れてしまったのです。

　当該松の所有者Xは、国を相手に損害賠償請求の訴訟を提起しました。当時の風潮は、「国は悪をなさず」でしたから、当該訴訟においても国側の勝訴確実との憶測がある中、大審院（いまでいう最高裁判所）は「権利の濫用」法理を採用し、国（鉄道院）に損害賠償責任を認めたのです。

　この判例は、「権利の濫用」法理を最初に使用した事件として有名です。

　信玄公と権利の濫用という、一見何のつながりもない二つが結び付く現象が起きました。

　中央線の日野春駅からそんなに遠くないので、一度見に行かれてはどうでしょう。現在は、碑が建立されているはずです。

債務不履行

　本章では、債権法の中で総論の一つに該当する債務不履行を取り上げています。

　債務不履行とは、簡単にいえば「約束に違反すること」です。約束に違反する形態とその効果が問題となります。

　損害賠償が中心ですが、中には「契約の初めから債務不履行であれば、これだけの損害賠償を」と予定している場合もあります。

　なお、債権者側に渡しても受け取らないという「受領遅滞」もあります。

　それぞれの違いを把握して、民法の基本となる本章をよく理解した上で、今回の改正点を見ていくようにしてください。

CHAPTER
2
1

履行遅滞

履行遅滞とは、債務者が履行可能であるのに、履行期限を過ぎても履行しないことですが、これはどの時点を起算点とするかが問題となります。

履行遅滞とは、**債務不履行**の一つで、履行が可能であるにもかかわらず債務者の履行（約束を果たすこと）が遅れるということです。

履行遅滞には、期限を定めている場合と定めていない場合とがあります。また、期限の起算点をどの時点にするのかも問題となります。

・確定期限があるとき

ある特定の決まった日付など**確定期限**がある時は、債務者は、その期限の到来した時から遅滞の責任を負うことになります。

・不確定期限があるとき

不確定期限とは、「親父が死んだら返す」などといった、約束の期限が不確定な場合です。不確定期限があるときは、債務者は、その期限が到来したことを知った時から遅滞の責任を負うことになります。

・期限を定めなかったとき

期限を定めなかった時は、債務者は、履行の請求を受けた時から遅滞の責任を負うことになります。

1 履行遅滞の遅滞責任の起算点（改正の要点）

改正にあたって履行遅滞で問題となったのは、不確定期限の場合です。

従来、不確定期限での期限については、「債権者からの請求がなされる前に債務者が期限の到来を知った場合」や「期限が到来したが、債務

者が到来の事実を知らないまま、その期限到来後に債権者が催告したとき」も履行遅滞になると解釈されてきました。

期限を定めなかった場合は「履行の請求を受けた時から遅滞の責任を負うことになる」のですが、そのこととの均衡が取れていませんでした。

そこで、新法では「債務の履行について不確定期限があるときは、債務者は、その期限の到来した後に履行の請求を受けた時又はその期限の到来したことを知った時のいずれか早い時から遅滞の責任を負う」ことにしたのです。つまり、従来の見解を明文化したことになります。

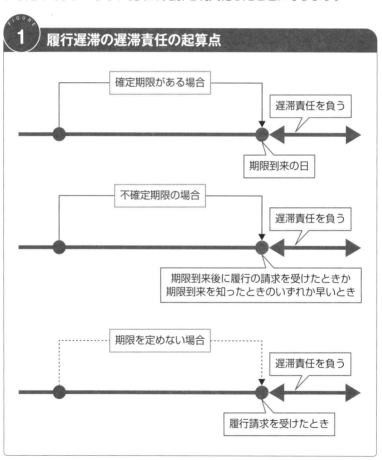

FIGURE 1 履行遅滞の遅滞責任の起算点

確定期限がある場合

遅滞責任を負う

期限到来の日

不確定期限の場合

遅滞責任を負う

期限到来後に履行の請求を受けたときか
期限到来を知ったときのいずれか早いとき

期限を定めない場合

遅滞責任を負う

履行請求を受けたとき

履行不能

履行不能は債務不履行の一種で、債務の履行が社会的、物理的に不可能になることです。これには、債権者に責任がある場合と債務者に責任がある場合があります。

履行不能とは履行（約束を果たすこと）が社会的・物理的に見て不可能ということです。履行不能にはどのようなケースがあり、責任はどうなるのでしょうか。

● 履行遅滞中の履行不能

債務者の履行遅滞中に、債務者・債権者双方の過失なくして履行不能になった場合、その責任はどうなるのでしょうか。

たとえば、BがAに建物を売却し、履行期を迎えたが、Bが引き渡しません。そのうち、第三者Cの放火によって当該建物が消滅した、というような場合です。これに関しては、Bの履行不能責任を問うべきだと判例は考えていました。

● 受領遅滞中の履行不能

債権者（本件ではA）が履行を受けることを拒み、又は受けることができないときを、受領遅滞といいます。

上記の例では、Aが当該建物を引き取らず、その後、第三者Cの放火によって当該建物が消滅したような場合です。これに関しては、Aが損害賠償責任を負うべきだと判例は考えていました。

1 履行不能についての判例を明文化（改正の要点）

旧法では、履行遅滞中の履行不能についての規定は、「債務者の責めに帰すべき事由によって履行をすることができなくなったとき」は「損

害賠償の請求ができる」という簡単なものでした。そこで新法では、履行遅滞中の履行不能についての判例を明文化しました。

　履行遅滞中の履行不能の場合は、債務者Bが債務不履行として損害賠償責任を負い、受領遅滞中の履行不能では、債権者Aが受領遅滞として損害賠償責任を負うことになったのです。

　また、旧法では履行不能の判断基準が明らかではありませんでしたが、新法では履行不能についての要件を、以下のように定めました。

・履行が「不能」か否かは、「債務の発生原因」及び「取引上の社会通念」に照らして判断されること。
・契約成立時に債務の履行が不能の場合も、損害賠償ができること。

　これらは従来の判例理論の明文化ですので、実務にはほとんど影響はないと考えられます。

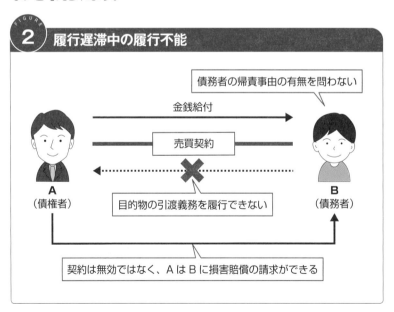

FIGURE 2　履行遅滞中の履行不能

債務者の帰責事由の有無を問わない

金銭給付

売買契約

目的物の引渡義務を履行できない

A（債権者）　　　B（債務者）

契約は無効ではなく、AはBに損害賠償の請求ができる

過失相殺

債務履行で債権者・債務者ともに過失がある場合に、賠償責任及びその額や範囲はどうなるのでしょう。

債権者・債務者ともに過失があった場合、それを考量して**損害賠償**の責任及びその額を裁判所が定めることを**過失相殺**といいます。

過失相殺については、債務不履行時の債権者の過失による損害の発生だけではなく、これによる損害の拡大についても過失相殺が認められ、裁判所によって損害賠償の責任及びその額が考慮されるのかが問題でした。

過去にいくつもの判例が出されていますが、判例はこれを認めています。たとえば、XがY会社の宣伝のために、外国人俳優Zを呼んでのキャンペーンを企画したが、Zがポスター等に不快感を表し、実現できなかった——という例において、判例は、Y会社がZの来日前にポスター等を一時撤去すれば損害の拡大を防ぐことができた、として過失相殺の適用を行いました。

1 過失相殺の損害賠償の責任（改正の要点）

過失相殺について、旧法では以下のように規定されています。

「債務の不履行に関して債権者に過失があったときは、裁判所は、これを考慮して、損害賠償の責任及びその額を定める。」

一方、新法では、

「債務の不履行又はこれによる損害発生若しくは拡大に関して債権者に過失があったときは、裁判所は、これを考慮して、損害賠償の責任及びその額を定める。」（新民法418条）

と改正されました。

　新法では、旧法にない「損害の発生若しくは拡大に関して」の文言が追加されました。これにより、**債務不履行**の発生に関して過失があるだけでなく**損害の発生・拡大**についても債権者の過失に含まれるとして、過失相殺を認めることなどが明文化されました。新法は過去の判例理論をそのまま認めたかたちになっています。

　実務への影響ですが、いままでの判例理論を追認したにとどまり、それほど影響はないと思われます。ただ、明文化されたことで、明確になったといえます。

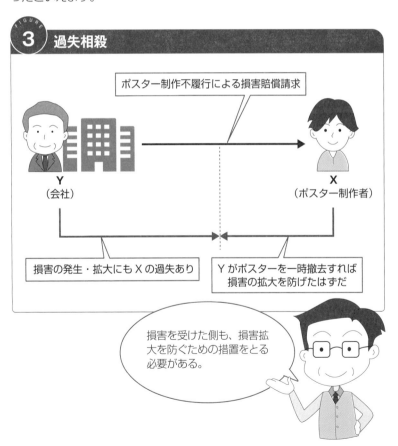

FIGURE 3　過失相殺

ポスター制作不履行による損害賠償請求

Y
（会社）

X
（ポスター制作者）

損害の発生・拡大にも X の過失あり

Y がポスターを一時撤去すれば損害の拡大を防げたはずだ

損害を受けた側も、損害拡大を防ぐための措置をとる必要がある。

損害賠償の予定

損害賠償の予定とは、契約当事者が債務不履行の発生を想定し、賠償額についてあらかじめ当事者同士で合意することです。

当事者があらかじめ債務不履行が発生することを予定し、その場合に債務者が一定額（又は一定率）の損害賠償をする旨、契約当事者間で合意することを**損害賠償の予定**といいます。

旧法では、損害賠償の予定について、「損害賠償の予定がなされた場合、裁判所は、その額を増減することができない」とする旨の規定がなされていました。

これによると、どれだけ法外な**損害賠償額**の予定がなされていても、それを増減できません。

ところが、判例の多くは、賠償額の予定が著しく過大であるときは、**信義誠実の原則**を理由として著しく過大である部分を無効としていました。

これは、明らかに民法の明文に反する例でしたが、納得できる判例や実務との間で齟齬が生じていたので、今回の改正の対象となりました。

1 損害賠償の予定額の増減（改正の要点）

賠償額の予定について、旧法では以下のように規定されています。

「当事者は、債務の不履行について損害賠償の額を予定することができる。この場合において、裁判所は、その額を増減することができない。」

一方、新法では、「当事者は、債務の不履行について損害賠償の額を予定することができる。」（新民法 420 条）と改正されました。

　上記に述べた理由により、新法では旧法の「裁判所は、その額を増減することができない」という部分を削除し、本文の「当事者は、債務の不履行について損害賠償の額を予定することができる」という規定を残しました。

　このことにより、裁判所は、損害賠償の予定の額を増減することができるようになりました。

　賠償額の予定があっても、裁判所は過失相殺や利息制限法、消費者契約法などを考慮して、予定を大きく変えざるを得ないこともあります。

　また、明文化されたことにより、著しく過大な損害賠償の予定額を約定することは少なくなるものと思われます。

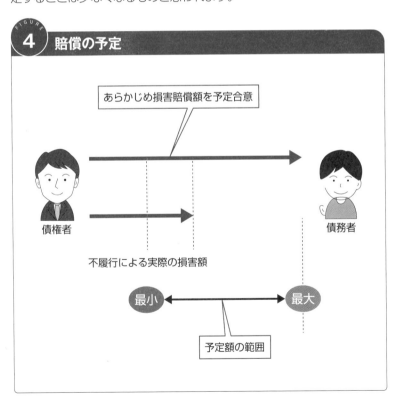

FIGURE 4　賠償の予定

あらかじめ損害賠償額を予定合意

債権者　　　　　　　　　　　　　　　　債務者

不履行による実際の損害額

最小　←→　最大

予定額の範囲

代償請求権

履行不能となった原因によって債務者が権利や物を得た場合、債権者はそれを請求できるのでしょうか。

代償請求権とは、**履行不能**となった原因によって債務者が権利や物を得た場合、債権者がそれを請求できるという権利のことです。債権者・債務者の公平やバランスを考えた債権者の権利といえます。

債権者の債務者に対する債権の目的物を第三者が破壊した場合、債務者には帰責事由がなく履行不能により債務を免れ、債権者は破壊の加害者に対する損害賠償請求権を取得することになります。

たとえば、賃貸借契約で借りていた建物が延焼などで消滅した場合、賃借人の建物返還義務は不履行となりますが、賃借人が火災保険金を取得していたときには、賃貸人は代償請求として火災保険金相当額の償還を求めることができます。

このように、履行不能を生じさせたのと同じ原因によって債務者が利益を得た場合、債権者はその利益を本来の目的物に代わるものとして、自分に給付せよと言える権利があると考えられていました。つまり、この権利が**代償請求権**です。

しかしこの権利は判例によって認められた権利で、旧法の明文にはありませんでした。

1 代償請求権の明文化（改正の要点）

そこで、新法では「代償請求権」について、以下の明文を設けました。

「債務者が、その債務の履行が不能となったのと同一の原因により債務

の目的物の代償である権利又は利益を取得したときは、債権者は、その受けた損害の額の限度において、債務者に対し、その権利の移転又はその利益の償還を請求することができる。」

「目的物の代償である権利又は利益」については、具体的な規定はありませんが、第三者に対する損害賠償請求権・保険金請求権等が考えられます。
　この代償請求権の代表的な例として挙げられるのが、**特定物**※売買の目的物が滅失した場合の保険請求権の譲渡などです。
　また、債権者に他の救済手段があっても本件の代償請求権は認められると考えるのが判例です。

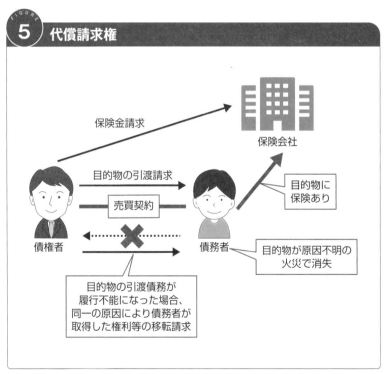

FIGURE
5　代償請求権

保険金請求

保険会社

目的物の引渡請求

売買契約

目的物に
保険あり

債権者　　　　　　　　債務者　　目的物が原因不明の
　　　　　　　　　　　　　　　　　火災で消失

目的物の引渡債務が
履行不能になった場合、
同一の原因により債務者が
取得した権利等の移転請求

※**特定物**　取引で、その個性に着目し指定される物であり、ほかに代わるものがないとされる。

受領遅滞

債務者が履行したにもかかわらず、債権者が履行の受取りを拒んだり、又は受けることができないため、履行が遅延した場合の責任はどうなるのでしょう。

債務者の履行に対して、債権者が履行を受けることを拒み、又は受けることができないことを**受領遅滞**といいます。

旧法では、受領遅滞について、以下のように規定されています。

「債権者が債務の履行を受けることを拒み、又は受けることができない時は、その債権者は、履行の提供があった時から遅滞の責任を負う」

これを見ると、受領遅滞の効果が明らかではありません。

受領遅滞の法的性質をどう見るかについて、債権者の「**法定責任**」と考えるか、債権者の「**債務不履行**」と考えるかの二つがありますが、債務不履行としていたのが通説・判例です。

受領遅滞を「債務不履行」と考えた場合、①受領遅滞の効果として保存義務が善管注意義務から、自己の財産に対するのと同一の注意義務に下がること、②履行の費用が増加するときは、その増加額は債権者の負担となること、が大きな効果だと考えられてきました。

なお、受領遅滞となるためには、債権者の責任が不要か否かも問題となります。

一方、債務不履行と考えると、債務者側から解除することができます。これは、受領遅滞は債務不履行だからです。

しかし、改正前の民法では、「(受領遅滞をした)債権者は、履行の提供があった時から遅滞の責任を負う」との規定しかありませんでした。

1 受領遅滞の効果を明確化（改正の要点）

そこで、新法では以下のような条文に変え、受領遅滞の効果について具体的に明らかにしました。

1. 債権者が債務の履行を受けることを拒み、又は受けることができない場合において、その債務の目的が特定物の引渡しであるときは、債務者は、履行の提供をした時からその引渡しをするまで、自己の財産に対するのと同一の注意をもって、その物を保存すれば足りる。
2. 債権者が債務の履行を受けることを拒み、又は受けることができないことによって、その履行の費用が増加したときは、その増加額は、債権者の負担とする。

　条文の1項は債務者の**注意義務**です。債務者は履行の提供から引渡しまで特定物を自分の財産と同一の注意をもって保存すればよく、注意義務は**善管注意義務**よりも軽いとされています。
　また、条文の2項は、増加した費用の負担をするのは債権者だと規定しています。この規定により、受領遅滞中の履行不能について債権者は契約の解除はできませんし、債務者の履行後に目的物が滅失した場合にはその責任を負うことになるといえます。

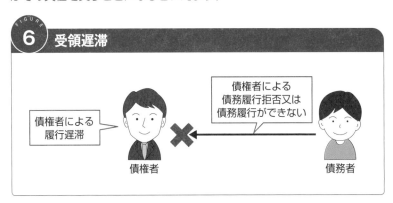

FIGURE 6 受領遅滞

債権者による履行遅滞 ← 債権者 ✕ 債務者 → 債権者による債務履行拒否又は債務履行ができない

法定利率

貸借関係において、利息の利率を決めていない場合の利率はどうなるのでしょうか。

法定利率とは、貸借について利息の利率を定めていない場合に適用される、法で定められた利率のことです。

たとえば、AがBに金を貸した場合、利息付きの約束があって利率を定めなかったときは、法定利率によります。

旧法では、民法と商法とでは法定利率が異なっていました。

民法の法定利率の規定では、利息を生ずべき債権について別段の意思表示がないときは、その利率は年5分（5%）と定められていました。

一方、商法では商行為によって生じた債権に関しては、法定利率は年6分（6%）と規定されていました。

1 3年ごとにルールを見直し（改正の要点）

以前から、市場金利（銀行の金利など）との乖離<ruby>かいり<rp> </rp></ruby>があり過ぎるという指摘はありました。

今回の改正で年3分（3%）と規定されました。ただし、これまでのような固定金利ではなく、3年ごとにある一定のルールで見直すことになりました。

具体的には、日本銀行が公表する「貸出約定平均金利」（銀行や信用金庫が金融機関以外に融資した際の金利を平均したもの）の過去5年分の平均値を基準として、1%以上の増減が発生した場合には、直近変動期の法定利率もそれに応じて1%単位で増減する、というものです。

このことによって市場金利との乖離は、十分ではありませんが少し見直されました。

ただ、この見直しにより、法定利率に変更があった場合、すでに生じている債権の法定利率にも適用されるとすれば、少し煩雑になるという批判もあります。

また、以前からあった**変動金利**にするという考え方は、「緩やかな変動制」という形で採り入れられました。なお、「利息を生ずべき債権について別段の意思表示がないとき」であることを忘れないでください。

この規定がなされたことによって、商法の規定は削除されました。

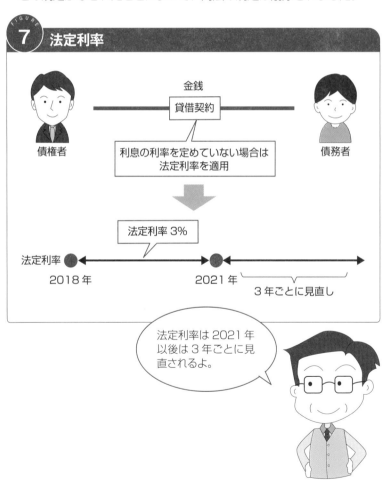

FIGURE 7 法定利率

金銭
貸借契約

債権者

利息の利率を定めていない場合は
法定利率を適用

債務者

法定利率 3%

法定利率
2018年　2021年
3年ごとに見直し

法定利率は2021年
以後は3年ごとに見
直されるよ。

COLUMN

民法の難問の一つ
「台風で丘の上の岩が崖下に転げ落ちた」、その除去費用の負担は？

　平地の横に丘のように広がっている土地があったとしましょう。平地の所有者はＡで丘の所有者はＢです。

　あるとき、台風が来て、丘の上から平地へ岩が落ちたとします。この場合、Ａが自分の土地を邪魔している岩について、Ｂに対して「持って行ってくれ」と言えるのでしょうか。それとも、岩もＢの所有物ですから、Ａに対して「岩を返してもらいたい」と言えるのでしょうか。

　この岩を丘まで運ぶ費用は誰が負担するのでしょうか。これは民法における難問の一つといわれています。

　どうやら判例は、先に文句を言った方が勝ち、という立場にいるようです。つまり、Ａが先にＢを提訴したならば、Ａの勝ちで費用もＢ持ち。Ｂが先にＡを提訴したならば、Ｂの勝ちで費用もＡ持ち、ということになります。

　しかし、何を根拠にこう言えるのかはどうも曖昧です。

　先に権利を主張した者に軍配を上げるというのは、一見正しいようですが、どうして？　と考えるとその理由の説明に窮します。

　ここは費用折半ということで解決すればどうですかね。それが、法的には公平だと思いますよ。

債権者の特別な権利

　本章も債権総論の部分を取り上げます。

　債権者には、民法によって特別に与えられた権利があります。特に、債務不履行の場合にその権利を使うことになるのですが、重要なのは、「債権者代位権」と「詐害行為（債権者）取消権」です。この二つはなかなか理解しにくいと思いますが、よく読んでいくと債権についてのポイントがつかめると思います。

　この章では、この二つの大きな制度が中心となっています。

　なお、今回の改正では現在までの判例も参考にされています。また、債権者が債権者代位権を行使すると、影響が及ぶ第三者がいます。彼らに訴訟を提起したことを知らせる必要があります。これが「訴訟告知」という制度です。

　「債権者代位権」「詐害行為取消権」の二つの制度を上手く使うことが、実務での取引関係にもプラスとなるでしょう。

債権者代位権の範囲

債務者がその財産権を行使しない場合、債権者が自分の債権保全のために債務者の財産権を行使する制度を、**債権者代位権**といいます。ただし、他人である債務者の財産管理に介入するものなので、要件が定められています。

債権者代位権は、旧法では以下のように規定されていました。

1　債権者は、自己の債権を保全するため、債務者に属する権利を行使することができる。ただし、債務者の一身に専属する権利は、この限りでない。

2　債権者は、その債権の期限が到来しない間は、裁判上の代位によらなければ、前項の権利を行使することができない。ただし、保存行為は、この限りでない。

1　主要判例を明文化（改正の要点）

旧法では、債権者代位権の範囲についての条文が1、2条しかなく、判例によって解釈されてきました。そこで、新法では条文の改正とともに、主要な判例が明文化されました。

1　債権者は、自己の債権を保全するため必要があるときは、債務者に属する権利（以下「被代位権利」という）を行使することができる。ただし、債務者の一身に専属する権利及び差押えを禁じられた権利は、この限りでない。

2　債権者は、その債権の期限が到来しない間は、被代位権利を行使することができない。ただし、保存行為は、この限りでない。

3　債権者は、その債権が強制執行により実現することのできないものであるときは、被代位権利を行使することができない。

・保全の必要性

　旧法では、債権者代位権の行使は「自己の債権を保全するため」とされていましたが、新法では「自己の債権を保全するために必要があるとき」という文言に修正されました。これは債務者の無資力と保全の必要性が要件になることを明確にしたものです。

・被代位権利

　新法では、債権者代位権を行使できる範囲の債務者の権利のことを**被代位権利**と表記されることになりました。これに含まれるものには、売買代金債権、損害賠償権のような金銭債権で広範囲にわたっています。

　一方、親権とか遺留分減殺請求権などの一身専属権のほか年金受給権などの差押禁止債権も被代位権利にはならないと明文化されました。

・裁判上の代位と強制執行

　新法では、旧法で定められていた**裁判上の代位**は廃止されました。また、債権者の債権が**強制執行**できないものの場合には、債権者代位権が行使できないことが明文化されました。

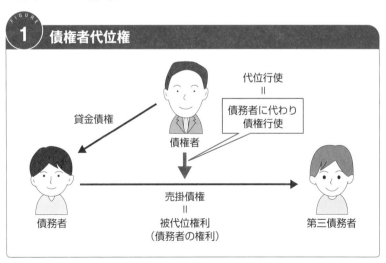

FIGURE
1 債権者代位権

代位行使
＝
債務者に代わり
債権行使

貸金債権

債権者

売掛債権
＝
被代位権利
（債務者の権利）

債務者

第三債務者

CHAPTER
3
2

債権者への支払い等

債権者代位権の行使には、第三債務者（債務者への債務を有している者）が債権者に直接引き渡す方法があります。この場合、債権者の債務者に対する債権はどうなるのでしょう。

債権者代位権の行使方法の一つとして、債権者に**第三債務者**（債務者への債務を有している者）が直接引き渡す方法がありますが、明文はありませんでした。

この場合、債権者と債務者及び第三債務者との関係はどうなるのでしょうか。

たとえば、AがBに1000万円の貸金債権を有し、XがAに1000万円の代金引渡し請求権を有している場合、XがBに対し直接自分（X）に引き渡してくれと言う方法があります。

BがXに引き渡した場合、AのBに対する1000万円の債権は、AのXに対する1000万円の債権となります。ただ、債権者代位権の行使は債務者のために行うものですから、BからXへの金銭譲渡がそのまま、BのAに対する弁済とはなりません。

そのためには、XはAに対して1000万円の債権を有していたのですから、XはAとの間で相殺することになるでしょう。これで三者の関係は解決します。

ただ、これについては、判例は認めていたのですが、明文はありませんでした。

1 債権者への支払い等を明文化（改正の要点）

そこで、新法では債権者代位権を持つ債権者への支払い等について、以下のように明文化されました。

50

「債権者は、被代位権利を行使する場合において、被代位権利が金銭の支払又は動産の引渡しを目的とするものであるときは、相手方に対し、その支払又は引渡しを自己に対してすることを求めることができる。この場合において、相手方が債権者に対してその支払又は引渡しをしたときは、被代位権利は、これによって消滅する」（第423条の3）

つまり、上記の例でいえば、XはBに対し代金請求を履行したのに、BのAに対する弁済にはなりません。

AのBに対する債権の内容は、金銭の引渡し又は動産の引渡しを目的とするものに限られています。したがって、債権者代位権の行使と同様、強制執行ができない権利や債務者の**一身専属権**（①親族身分上の権利：離婚請求権、親権等）（②人格的利益を内容とする権利：人格侵害による慰謝料請求権、親族間の扶養請求権）は対象とはなりません。また、差押えを許さない権利：年金や恩給の受給権）も同様です。

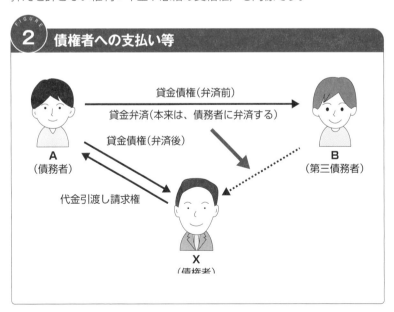

FIGURE
2 　債権者への支払い等

貸金債権（弁済前）

貸金弁済（本来は、債務者に弁済する）

貸金債権（弁済後）

A
（債務者）

B
（第三債務者）

代金引渡し請求権

X
（債権者）

相手方の抗弁

債権者代位権の行使があった場合、債務者が第三債務者に履行していないときに、第三債務者は債務者に対する抗弁を債権者に対してできるのでしょうか。

債権者代位権の行使があっても、第三債務者は、債務者に対する抗弁を債権者に対してすることができます。これを**相手方の抗弁**といいます。

たとえば、ＡＢ間に土地の売買契約があり、履行期が過ぎているとします。ＡにはＸという債権者がいて、Ｘは債権者代位権を行使しました。

つまり、ＸはＡの権利としてＢに対し、代金請求権を行使したのです。ただ、ＡがＢに土地を引き渡していない場合、ＢはＸに対し、同時履行の抗弁権を主張することができるのです。

そうしないと、Ｂは代金だけ払って土地を取得することができなくなる恐れがあるからです。

判例はこの抗弁を認めていましたが、旧法には明文はありませんでした。

1 相手方抗弁の明文化（改正の要点）

そこで、新法では債権者代位権の行使に対しての相手方の抗弁について、以下のように明文化されました。

「債権者が被代位権利を行使したときは、相手方は、債務者に対して主張することができる抗弁をもって、債権者に対抗することができる。」（第４２３条の４）

つまり、上記の例でいえばＸはＢに対し代金請求権を行使したのに、ＡがＢに土地を引き渡していない場合、ＢはＸに対し同時履行の抗弁権

を主張できるということです。

このように、新法は上記の事例のBの**抗弁権**を明文化しました。つまり判例の立場を採用したのです。

したがって、実務上は大きな混乱は生じないものと考えられます。なぜなら、いままでの扱いを明文化したに過ぎないからです。

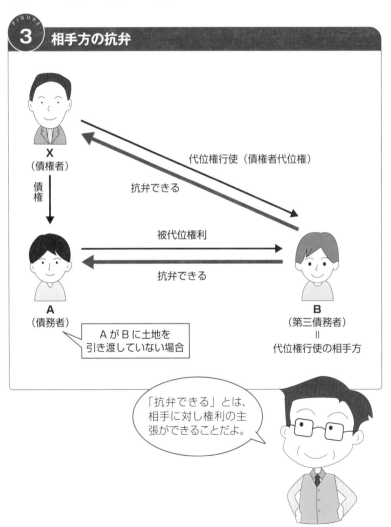

FIGURE 3 相手方の抗弁

X
（債権者）

代位権行使（債権者代位権）

抗弁できる

債権

被代位権利

抗弁できる

A
（債務者）

AがBに土地を
引き渡していない場合

B
（第三債務者）
＝
代位権行使の相手方

「抗弁できる」とは、相手に対し権利の主張ができることだよ。

訴訟告知

当事者のほかに訴訟に利害関係のある第三者がいる場合に、債務者ならびにその第三者にも訴訟を提起したことを告知し、参加の機会を与えることを訴訟告知といいます。

　当事者のほかに訴訟に利害関係がある者に対して、債権者代位権行使の効力の及ぶ範囲を考えてみましょう。

　債権者代位権訴訟における判決の効力は、債務者の他の債権者に及びます。たとえば、ＡＢ間に土地の売買契約があり、履行期が過ぎているとします。ＡにはＸという債権者がいて、Ｘは債権者代位権を行使しました。Ｘが提起した債権者代位権訴訟の効力は、Ａの債権者としてＸのほかにＹＺの二人がいれば、その二人にも及びます。つまり、Ｘが訴訟に敗訴すれば、他の二人も敗訴したことになるのです。

　この場合、ＹＺは訴訟に参加していません。参加する意思があってもＸが黙っていれば、訴訟が提起されたことさえ知らないかもしれません。

　それゆえ、その人たちにもＸはＢと訴訟中であることを通知すると、訴訟に参加する機会ができます。

　また、たとえ参加しなくてもＡとＹＺとの間に参加的効力を発生させることができるのです。反対に訴訟告知がないと、ＹＺの裁判をする権利を奪うようなものです。

　また、債務者に対する訴訟告知は義務ではなかったため、債務者は、自らに属する権利が、赤の他人である債権者によって代位行使されているにもかかわらず、そのような訴訟が提起されていること自体知るよしもない場合がある、ということも問題でした。

　しかし、この問題に関して旧法には何の規定もありませんでした。

1 訴訟告知の義務付け（改正の要点）

　そこで、新法で債権者代位訴訟を提起した債権者には、遅滞なく債務者ならびに第三者に対する訴訟告知を行う義務が付けられることが明文化されました。

　これにより代位権行使の効力の及ぶ範囲は明確になりました。

　実務面では、債務者は自分の権利についての代位権行使の訴訟が提起されていることを知る機会が得られるほか、債権者と債務者が、それぞれに同一の債権を行使しようとする場合には、債務者は、当事者として共同訴訟参加ができるようになり、債務者への手続き保障は相当程度厚くなったといえるでしょう。

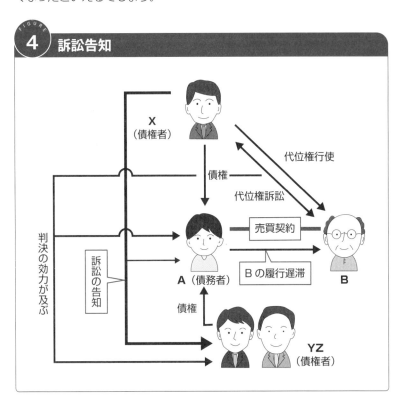

FIGURE 4　訴訟告知

詐害行為取消請求権

詐害行為取消請求権は、「債務者が債権者を害することを知りながら自分の責任財産を減少する行為」を取り消せる債権者の権利です。

詐害行為取消請求権とは、債務者が債権者を害することを知りながら自分の責任財産を減少する行為をした場合に、債権者が自分の債権を保全するために、この債務者の行為を取り消す権利です。

では、この権利はどんな場面で用いられ、どのような効果があるのでしょう。

たとえば、AがBに土地を贈与し、無資力となってしまいました。しかし、AにはXという債権者がいて、AB間の行為（**贈与行為**）はXに損害を与えるため**詐害行為**となります。この贈与行為を詐害行為取消請求権としてXは取消しすることができる、というものです。旧法では、これについての問題点が二つありました。

一つは、旧法では**詐害行為取消権**の対象を「法律行為」と規定していましたが、実際の判例では「契約」だけでなく、弁済や「時効の中断」としての債務の承認なども、取消し対象となり得るとされていました。

二つ目は、詐害行為取消権の対象となる行為は、Xの債権が成立したあとの行為であることが必要であると考えられますが、旧法には規定がありませんでした。

1 詐害行為取消権の成立要件（改正の要点）

新法では、以下のように詐害行為取消権の成立要件について、判例に合わせ要件の厳格化とともに明文化しました。

・詐害行為によって利益を受ける人のことを転得者から「**受益者**」に改めました。
・詐害行為取消の対象を旧法の「法律行為」から「**行為**」に改め、契約などの法律行為だけでなく、弁済などの行為も詐害行為に含まれることを明らかにしました。
・詐害行為によって損害を受ける債権者の債権は、詐害行為より前の原因によって生じたものに限ることも明文化されました。

　こうして、いままでの解釈を明文化しました。実務上の判例理論の追認ですから、影響はないと思われます。

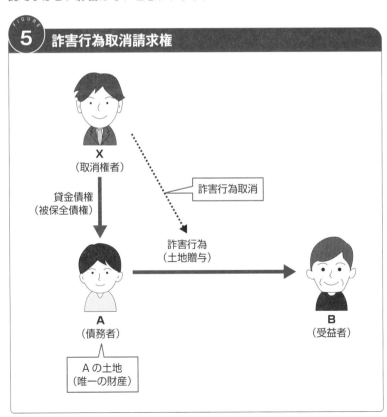

FIGURE
5　**詐害行為取消請求権**

X
（取消権者）

貸金債権
（被保全債権）

詐害行為取消

詐害行為
（土地贈与）

A
（債務者）

B
（受益者）

Aの土地
（唯一の財産）

過大代物弁済等の特則

受益者が債務者から受けた給付のうち、債務の額より過大な部分について、債権者はその債務の額を超えた部分を取り消すことができるのでしょうか。

過大代物弁済は、前項の詐害行為取消請求の一つで、債務者が過大な代物返済などをした場合に、受益者が受けた給付のうちで債務の額より過大な部分について、債権者はその債務の額を超えた部分を取り消すことができる、というものです。

たとえば、AがBに800万円を借りていて弁済期にあるため、唯一の財産である評価額1500万円の土地をBに**代物弁済**し、無資力となってしまいました。

しかし、AにはXという債権者がいて、AB間の行為（**代物弁済行為**）によりXは自らの債権を回収できなくなったことになります。そこで、Xは第三債権者Bを相手に**詐害行為取消訴訟**を提起でき、勝訴すればAB間の代物弁済は取り消され、XはAの土地に強制執行をかけて自らの債権を回収できるようになる、というものです。

ここで問題となったのは、詐害行為取消権において、過大な代物弁済などをどのように扱うべきか、ということです。

判例は、過大であった場合、全体を取り消すことができるとする傾向にあったようです。

また、過大な代物弁済によって、無資力となるわけではないが、過大な部分が財産減少行為となるとき、どのような取り扱いをするかについても問題がありました。しかし、判例ではこの場合も詐害行為取消権を行使できるとされました。

1 詐害行為取消権を行使（改正の要点）

そこで新法では、「代物弁済等が過大であった場合、その消滅した債務の額に相当する部分以外の部分については、詐害行為取消請求をすることができる」と規定しました。

つまり、全体ではなく、過大な部分について詐害行為取消権を行使することができるとしたのです。

また、支払い不能となる前になされた過大な代物弁済等は、過大な部分について見ると、債務者の財産状態を悪化させる行為であるといえるので、やはり、詐害行為取消権を行使することができるとしたのです。

以上により、代物弁済の安全性が確保されたといえます。

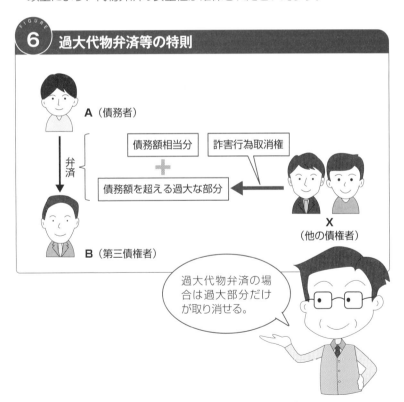

FIGURE 6 過大代物弁済等の特則

A（債務者）

弁済

債務額相当分　＋　詐害行為取消権

債務額を超える過大部分

X（他の債権者）

B（第三債権者）

過大代物弁済の場合は過大部分だけが取り消せる。

転得者に対する詐害行為取消請求

債務者の財産を取得した受益者から、さらにその財産を譲り受けた転得者に対して、債権者が詐害行為取消権を請求できるのは、どういう場合でしょう。

給付した物を第三者に譲渡した場合でも詐害行為取消権を行使できるのか。つまり、**転得者**に対する**詐害行為取消請求**の要件として、債務者から利益を受けた者（受益者）だけでなく、その受益者から転得した転得者に対しても詐害行為取消請求ができるか、ということです。

改正前の詐害行為取消権の規定の但書きは、以下のようなものでした。

「……ただし、その行為によって利益を受けた者（受益者）又は転得者がその行為又は転得の時において債権者を害すべき事実を知らなかったときは、この限りでない。」

転得者が悪意の場合には詐害行為取消権が行使できることが前提となっていますが、直接の受益者や転得者が善意である場合に、転得者が悪意であれば**詐害行為取消**ができるのかは明らかではありません。

一方、判例では受益者又は転得者から転得した者が悪意であるときは、たとえその前者が善意であっても、詐害行為取消ができると判示されています。しかし、それでは善意の受益者が保護されないことになります。

転得者の主観的要件の新設（改正の要点）

そこで、新法では転得者に対する詐害行為取消請求について規定が新設されました。

「債権者は、受益者に対して詐害行為取消請求をすることができる場合において、受益者に移転した財産を転得した者があるときは、次の各号に掲げる区分に応じ、それぞれ当該各号に定める場合に限り、その転得者に対しても、詐害行為取消請求をすることができる。

一　その転得者が受益者から転得した者である場合
　　その転得者が、転得の当時、債務者がした行為が債権者を害することを知っていたとき。
二　その転得者が他の転得者から転得した者である場合
　　その転得者及びその前に転得した全ての転得者が、それぞれの転得の当時、債務者がした行為が債権者を害することを知っていたとき。」
（第４２４条の５）

つまり、新法では転得者に対する詐害行為取消権の行使については、受益者が悪意であることを前提にし、転得者が悪意であったとき、そして再転得の場合はすべての転得者が悪意であったときに限り、詐害行為取消権が行使できることになりました。

そのため、転得者が前の転得者から転得した場合、転得者が悪意であってもその前の転得者が善意のときは、詐害行為取消請求をすることができません。

たとえば、物が債務者Bから受益者Ｃ、Ｃから転得者Ｄに移った場合、直接の受益者Ｃが悪意であっても転得者Ｄが善意であった場合、転得者Ｄに対しては、詐害行為取消権を行使することはできないのです。

CHAPTER 3 債権者の特別な権利

FIGURE 7 転得者に対する詐害行為取消権

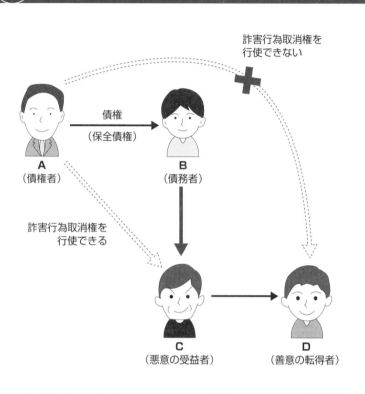

詐害行為取消権を
行使できない

債権
（保全債権）

A
（債権者）

B
（債務者）

詐害行為取消権を
行使できる

C
（悪意の受益者）

D
（善意の転得者）

善意者は取消権を行使されるいわれはない。

詐害行為取消の範囲

> 債務者が財産処分の行為をした場合に受益者から相当の対価を
> 取得しているときは、詐害行為として取り消される範囲が決めら
> れています。

CHAPTER

3

債権者の特別な権利

　詐害行為取消権の取消しの範囲は、債権者の債権額の範囲となります。
ただし、これは目的物が金銭債権のように可分である場合です。目的物
が不動産のように不可分である場合、範囲はどうなるのでしょうか。

● 目的物が可分である場合

　詐害行為取消において、債務者のした行為の目的物が可分である場合、
詐害行為取消権を行使することができる範囲は以下のように考えられて
います。判例は、その価額が債権者の債権（以下「被保全債権」という）
を超過していれば、被保全債権の範囲で詐害行為取消権を行使できる、
としていました。

　たとえば、AがBに 1000 万円を贈与したとします。AにはXという
債権者がいて、その債権額が 600 万円だったときは、1000 万円－
600 万円＝ 400 万円が超過分であり、この 400 万円については取消
しできないことになります。

● 目的物が不可分である場合

　判例では、詐害行為取消において、債務者のした行為の目的物が不動
産のような**不可分**である場合、行為の全部について取消しができるとさ
れています。又は、債務者から不動産が弁済され、受益者がそれを返還
することができなくなっていて、価額賠償となった場合には、当該不動
産の価額のうち、抵当権の債権額に相当する部分についてのみ一部取消
しができ、そのぶんの価格賠償しか請求できません。

上記の例で考えると、当該価額が1000万円である場合、Xが取り消すことができるのは、やはり600万円ということになります。この点は転得者から取得した者がいて同じように価額賠償となった場合も同様だと考えられていました。

1 詐害行為の取消しの範囲（改正の要点）

　新法では、詐害行為の取消しの範囲について、以下のように規定されました。

　「債権者は、詐害行為取消請求をする場合に債務者がした行為の目的が可分であるときは、自己の債権の額の限度でのみ、その行為の取消しを請求することができる。価額の償還を請求する場合も、同様とする。」

　このように、改正後の民法においては、これまでの判例理論を明文化しました。したがって、実務においても。判例理論に従っただけですから、影響を及ぼすことはないものと考えられています。

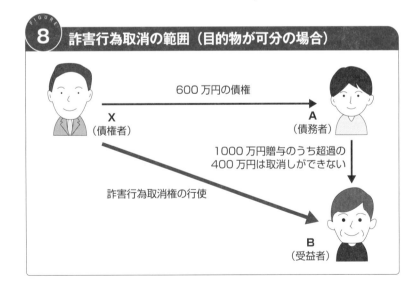

FIGURE
8 　詐害行為取消の範囲（目的物が可分の場合）

600万円の債権

X（債権者）　→　A（債務者）

1000万円贈与のうち超過の400万円は取消しができない

詐害行為取消権の行使

B（受益者）

CHAPTER
3
9

受益者の債権の回復

詐害行為取消権が行使され、受益者から債務者へ給付が返還された場合、債務者に対する受益者の債権はどうなるのでしょうか。

CHAPTER

3

債権者の特別な権利

詐害行為取消権が行使され、受益者から債務者へ給付が返還された場合、受益者の債務者に対する債権が回復するのでしょうか。

これについて従来の判例では、**取消判決**の効力は原告である債権者と被告である受益者や転得者との間でのみ生じ、債務者には及ばないが、詐害行為取消権が行使されて損害を被った受益者の債権は復活する、という判断を示していました。債権が復活するか否かという点については、規定はありませんでした。

ここで、問題とされたのが**受益者の債権**と**返還債務**の相殺です。

たとえば、債務者Aの受益者Bに対する債務額が 1000 万円でAの債権者Xにより詐害行為取消権が行使されると、AはBに対し 1000 万円の返還請求権を、BはAに対し元の債権額 1000 万円の請求権を有することになります。そこで、Bは元の債権額と返還債務とを相殺できないのかという問題です。

これについて、判例は相殺できないとしていました。相殺できるとなると、詐害行為取消権の存在意義がなくなるからです。

受益者の債権の回復（改正の要点）

そこで、受益者の債権の回復について、新法では以下の規定が新設されました。

「債務者がした債務の消滅に関する行為が取り消された場合（第424条の4［過大な代物弁済等の特則］の規定により取り消された場合を除く）

65

において、受益者が債務者から受けた給付を返還し、又はその価額を償還したときは、受益者の債務者に対する債権は、これによって原状に復する。」(第425条の3)

　新法では、詐害行為取消権が行使され、受益者が債務者から受けた給付を返還し、又はその価額を償還したときは、受益者の債務者に対する債権が復活する、ということが明文化されました。

　ただ、詐害行為取消権が行使されたあとの取り扱いには従来と異なった箇所があります。それは、債務者も債権執行に参加することができ、取消債権者と償還金を分け合えるとする点です。

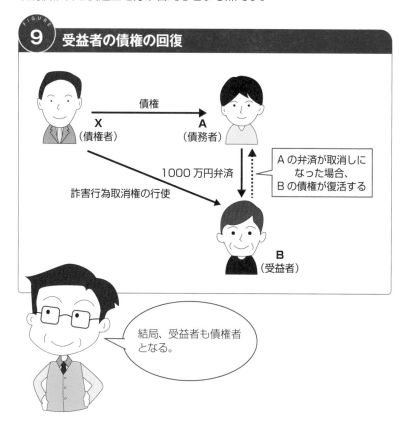

FIGURE
9 受益者の債権の回復

債権
X → A
(債権者)　(債務者)

1000万円弁済
詐害行為取消権の行使

Aの弁済が取消しになった場合、Bの債権が復活する

B
(受益者)

結局、受益者も債権者となる。

民法では、TV通販での送料は無料が原則

　よく、TVなどでも、「送料は弊社が負担します」といった表示を見ることがあります。

　送料とは、買った物を送ってくる郵便料金のようなものと考えてください。「送料がタダだなんていいよな」と単純に思ってはなりません。

　民法は、義務の履行について「持参債務」が原則だと規定しています。つまり、売る方が買う人の自宅に持ってくるのが原則だとしているのです。当然その費用は売る方が負担するわけです。

　民法によると、「弁済の費用について別段の意思表示がないときは、**その費用は、債務者の負担とする。**ただし、債権者が住所の移転その他の行為によって弁済の費用を増加させたときは、その増加額は、債権者の負担とする。」と規定しているのです。つまり、費用は債務者（TVの通販で何か買った場合は売る方）が負担するのが原則なのです。

　手数料が無料というのは、いわば当たり前なのです。

　それを声高に叫ばないでほしいものです。

MEMO

多数当事者の
債権債務関係

　本章も債権総論に該当する部分です。

　民法は、基本的に債権者が一人、債務者が一人ということ
を念頭に作られています。

　しかし、現実には、債権者側が数人（多数の銀行等）、債
務者側が数人（共同経営者等）ということがあります。

　この章では、多数当事者の債権・債務関係は一対一の場合
とどのように異なるのか、また、その種類等も見ていくこと
になります。

　最も実務に必要な部分だと思われますので、しっかり頭に
刻み込んで利用してください。

　特に、根保証はわかりにくいと思われますので、より一層
の理解に努めてください。

不可分債務と連帯債務

不可分債務とは、複数人が負っている債務のうち、一軒の家屋のように分割できないものです。この不可分債務を負った複数の債務者には連帯債務が適用されます。

債務者が複数いる場合には、不可分債務と連帯債務が問題となります。

●不可分債務

当事者が複数いる場合の債権・債務関係でわかりづらいのが**不可分債務**です。通常、一つの債務に対し債務者が複数いれば債務も分割されますが、分割できない債務を負担することを不可分債務といいます。

たとえば、AとBという兄弟が共同所有している家屋をCに売却する場合、Aが玄関を売却してBが台所を売却する、ということはありません。家屋の明渡しは分割できないからです。このように性質上、分割できない債務を「**性質上の不可分債務**」といいます。

一方、複数の者が債権者との合意の上に共同で金銭を借りて不可分債務とした場合、債権者は債務者の誰に対しても全額を請求できます。このような債務を「**意思表示による不可分債務**」といいます。

たとえば、XとYの二人が喫茶店に入り、Xはコーヒー（400円）を頼み、Yはジュース（600円）を注文したとします。

このとき、XとYが1000円を喫茶店のマスターZに払うという約束をしたとしましょう。これが当事者の意思表示による不可分債務です。なお、マスターZはXとYのどちらにも1000円を請求することができますが、2000円を取れるわけではありません。

1 連帯債務に該当すると規定（改正の要点）

旧法は単に、「不可分債務」としか規定しませんでしたので、意思表示による不可分債務と連帯債務の区別がつかないという問題がありました。

新法では、性質上可分であるもので当事者の意思によって不可分債務とされた債務は、不可分債務とは認められず、連帯債務に該当すると規定されました。

連帯債務では、**連帯債務者**の一人が弁済すれば、他の連帯債務者は責任を免れます。各連帯債務者の負担部分は特約があればそれにより、なければ平等となり、負担部分以上を弁済した場合は、その者は他の連帯債務者に支払いを求償できます。

たとえば、上記の例ではZがXに1000円の請求をして、Xが1000円を支払った場合、Yは支払い責任を免れますが、XがYに600円を求償することになります。

● 連帯債務者の免除と求償権

旧法では、連帯債務における免除の絶対的効力が定められていました。つまり、連帯債務者の一人に免除をすれば、他の連帯債務者は債務責任を免れるというものです。

上記の例では、Z（債権者）が2名の連帯債務者X（債務400円）とY（債務600円）に対して1000円の債権を有している場合、Xに対して債務を免除したとします。

この場合、Xの負担割合は400円ですから、この限度でYも債務を免れ、残りの600円について履行すればよいことになります。

他の連帯債務者に効果は及ばない（改正の要点）

　新法では免除を相対的効力として、連帯債務者の一人が免除されても他の連帯債務者にその効果は及ばない、としています。

　上記の例ではXの免除はYに及ばないので、Yは引き続き1000円の債務を負うことになります。この場合、Yは免除がなされたXに対して400円を求償できることになりました。

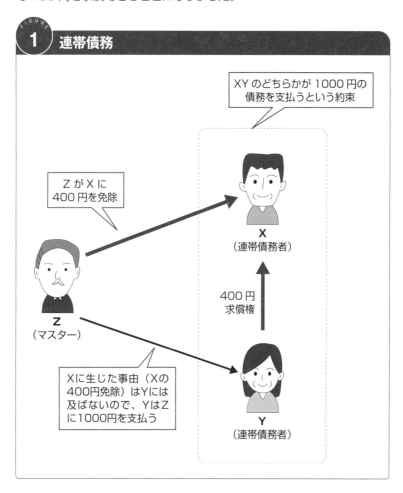

FIGURE
1 連帯債務

XYのどちらかが1000円の
債務を支払うという約束

ZがXに
400円を免除

X
（連帯債務者）

400円
求償権

Z
（マスター）

Xに生じた事由（Xの
400円免除）はYには
及ばないので、YはZ
に1000円を支払う

Y
（連帯債務者）

個人根保証契約の保証人の責任

個人根保証とは、継続的な事業用融資など、将来発生する不特定債務を個人が保証することをいいます。

個人根保証とは、一定の期間内に継続的に発生・消滅する不特定の債務について、極度額を限度に個人が保証することをいいます。**根保証人**になる時点ではどれだけの債務が発生するのかわからない、という点が大きな特徴といえます。

● 個人根保証契約の保証人の責任の範囲

旧法では、個人根保証契約の保証人の責任は「**貸金債務**」に限っていましたが、それ以外にも考えられます。

たとえば、Aが問屋でBが小売人とします。AB間で継続的な売買契約が行われて、そこにXがAとの間に根保証契約を締結しました。この場合、Bの債務は「貸金債務」ではなく、「**代金支払債務**」です。Bの債務不履行が継続した場合、その額は相当なものとなることが考えられます。

また、CがDに土地・家屋を賃貸したとします。Y個人が根保証人となりました。そこで、Dが行方不明になったりした場合、Yの保証額は相当な額になることが予想されます。

実務では、上記のように、**根保証契約**においては、主たる債務は貸金債務の場合に限られません。

CHAPTER

4

多数当事者の債権債務関係

極度額の定めがない個人根保証契約は無効（改正の要点）

　そこで改正法では、**極度額**（それ以上は保証しないとする額）が定まっている根保証契約は、貸金債務以外の債務にも拡大し、**根保証人**は、主たる債務（上記の例のBを「主たる債務者」といい、その債務を「主たる債務」という）の元本、主たる債務に関する利息、違約金、損害賠償その他、その債務に従たるすべてのもの、及びその保証債務について約定された違約金又は損害賠償について保証することになります。

　ただし、極度額で歯止めをかけています。したがって、極度額の定めがない個人根保証契約は無効です。

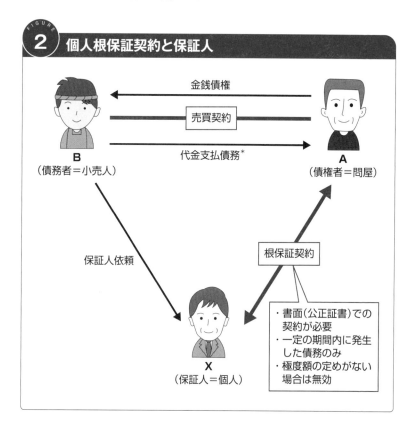

FIGURE 2 個人根保証契約と保証人

金銭債権

売買契約

B
（債務者＝小売人）

代金支払債務*

A
（債権者＝問屋）

保証人依頼

根保証契約

X
（保証人＝個人）

・書面（公正証書）での契約が必要
・一定の期間内に発生した債務のみ
・極度額の定めがない場合は無効

個人貸金等根保証契約の元本確定期日

> 個人貸金等根保証契約の元本確定期日とは保証期間のことであり、原則3年、最長5年と定められています。

個人貸金等根保証契約では、元本が確定すれば、その後の利息は極度額まで保証することになります。ただ、債務者が履行期を経過しても返済しないような場合、延滞利息はどのようになるのでしょうか。

●元本確定期日

たとえば、AがBに年1割の利息で1000万円の金を貸し、XがAとの間で個人貸金等根保証契約を締結しました。Bは履行期である2020年の10月1日に返済せず、その後の返済にも応じなかったとします。Xの根保証額は1000万円 + 1000万円 × 1割となります。

ただし、元本の確定期日が履行期より3年後と定められていた場合、

1000万円 + 1000万円 × 3割（3年間の利息）となります。それ以上の債務不履行が継続してもXには支払う義務はありません。

なお、この場合は、前項の個人根保証契約と異なり、貸金等の債権に限られています。

1 元本の確定期日と契約締結日（改正の要点）

まず、個人根保証契約において契約締結日から5年を超える元本確定期日を設定した場合、その期間設定は無効となり、契約締結日から3年となります。

なお、強制的に元本が確定する条件は以下のとおりです。

＊**代金支払債務** 物などを購入した場合に、売主に金銭を支払う義務（債務）のこと。

・根保証人について強制執行、担保権実行の申立てがあったとき。

・根保証人について破産開始決定があったとき。

・主たる債務者（上記例ではB）又は根保証人が死亡したとき。

・主債務（上記例ではBの債務）について強制執行、担保権実行の申立てがあったとき。

・主債務者について破産開始決定があったとき。

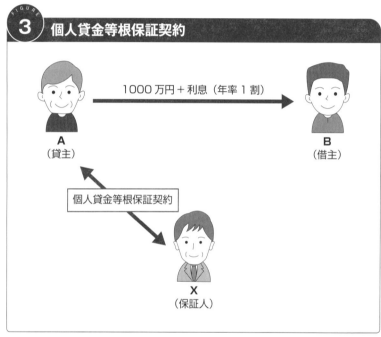

FIGURE
3 個人貸金等根保証契約

1000万円＋利息（年率1割）

A
（貸主）

B
（借主）

個人貸金等根保証契約

X
（保証人）

極度額の定めのない契約は無効だよ。

公正証書の作成

根保証行為をする場合は、当事者が安易に行うのではなく、より慎重さを促すとともに、根保証人の意思を確認するために公正証書を作成しなければなりません。

公証人（公務員の一種）が当事者の嘱託によりその権限内で作成した文書を公正証書といいます。

● 一定の（根）保証契約の場合に公正証書を作成する理由

一定の保証契約や根保証契約の結果、（根）保証人が負う保証債務は相当な高額になることが考えられます。あまりにも高額になり過ぎて、（根）保証人が自殺した例もあり、社会問題化しています。

そこで、このような（根）保証行為をする場合には、安易にするのではなく、慎重に考えることを促すため、また（根）保証人の意思を確認するために、公正証書を作成することが要求されます。

1 （根）保証契約には公正証書を要求（改正の要点）

新法では、個人が事業用の融資の保証人になろうとする以下の場合には、公正証書が要求されます。

・事業のために負担した貸金等債務を主たる債務とする保証契約
・主たる債務の範囲に事業のために負担する貸金等債務が含まれる根保証契約

ここで、気をつけなければならないのは「事業のために負担」という点です。

公正証書は、当該契約の締結に先立ち、その締結日前1か月以内に作成されたものでなくてはならないし、公正証書で保証人になろうとする者が、保証債務を履行する意思を表示していなければ、その効力を生じません。

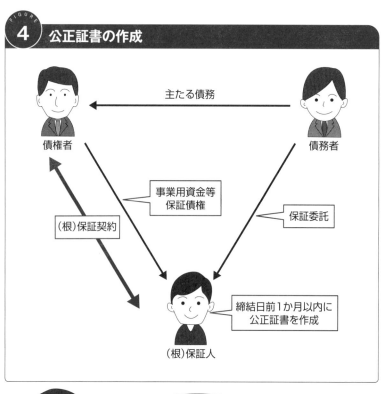

FIGURE 4 公正証書の作成

主たる債務

債権者　　　　　　　　　債務者

事業用資金等
保証債権

保証委託

（根）保証契約

締結日前1か月以内に
公正証書を作成

（根）保証人

公正証書は、事業のために
負担した債務の保証契約
に必要だよ。

契約締結時の情報の提供義務

保証人になるにあたって主債務者に財産及び収支状況の他、その他の保証リスクの情報提供を求めることができます。

主たる債務者は、（根）保証人に保証を委託する場合、一定の情報を当該（根）保証人に提供しなければなりません。

・誰が、どこまでの情報を提供すべきか

誰が情報提供するかという点については、主たる債務者が情報提供する場合は，虚偽の事実を告げる可能性が高いと思われます。というのも、ほとんどの契約では保証人が必要ですので、保証人になってもらいたいがために、債務者にとって都合のよい情報だけを提供することが予想できるからです。

一方、債権者が説明する場合は、債務者の**個人情報**だけに、どこまで踏み込んだ情報を提供できるかは多くを望めません。

1 提供義務の対象を規定（改正の要点）

新法では、提供義務者は債務者であるとされると同時に、以下の内容が**提供義務**の対象と規定されました。

・財産及び収支の状況
・主たる債務以外に負担している債務の有無並びにその額及び履行状況
・主たる債務の担保として他に提供し、又は提供しようとするものがあるときは、その旨及びその内容

そして、主たる債務者がこの提供義務に違反しているときは、一定の場合、当該保証人に保証契約を取り消す権利を与えています。

CHAPTER **4** 多数当事者の債権債務関係

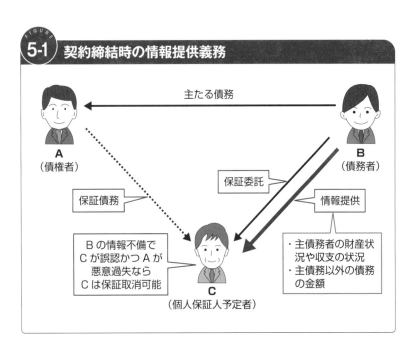

FIGURE 5-1 契約締結時の情報提供義務

主たる債務

A（債権者）

B（債務者）

保証委託

保証債務

情報提供

Bの情報不備で Cが誤認かつAが 悪意過失なら Cは保証取消可能

・主債務者の財産状況や収支の状況
・主債務以外の債務の金額

C（個人保証人予定者）

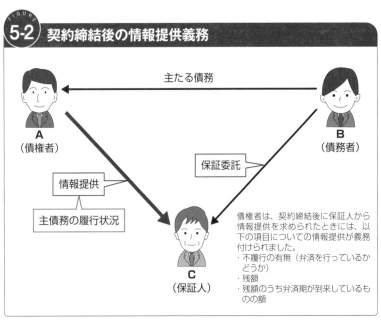

FIGURE 5-2 契約締結後の情報提供義務

主たる債務

A（債権者）

B（債務者）

保証委託

情報提供

主債務の履行状況

債権者は、契約締結後に保証人から情報提供を求められたときには、以下の項目についての情報提供が義務付けられました。
・不履行の有無（弁済を行っているかどうか）
・残額
・残額のうち弁済期が到来しているものの額

C（保証人）

債権・債務の移転

この章も同じく債権総論の部分です。

債権が譲渡されるというのは、何のためかわからない人もいるでしょう。同じく、債務をわざわざ引き受けるというのも実態を知らないと理解することができません。

しかし、結果として債権・債務が移転されたときは、本章を理解しておかないと、実務では通用しません。改正点を含めて理解しておきましょう。

また、契約上の地位の移転は、民法が予定していた概念ではなく、判例上認められた制度です。これについては判例に従っています。対抗要件なども含め理解していただきたいところです。

これらは実務上大事な箇所です。きちんと理解することを心掛けましょう。

債権譲渡

債権譲渡とは、債権者が有する債権を、その内容を変じないで第三者などに移転する契約のことです。

債権譲渡とは、債権をその内容を変じないで移転する契約です。

その意味では、債権も物権と同様に譲渡することができるといえます。

●譲渡禁止特約

債権には、**自由譲渡性**がありますが、**譲渡禁止特約**を付けることもあります。たとえば、Aが売主でBが買主という関係が長く続いている場合、BはAが持つ債権に譲渡禁止特約を付けることがあります。

様々な理由がありますが、Bにとって支払先が変わるのが面倒というのも一つの理由です。

旧法は、譲渡禁止特約は有効で、譲受人側に自分が譲渡禁止特約の存在について、知らなかった（善意）又は知らないことに重大な過失がなかったことを証明する責任があるとされていました。これを、「譲受人に証明責任がある」といいます。

1 債権者の説明責任（改正の要点）

新法では以下のように規定されました。「譲渡制限の意思表示がされたことを知り、又は重大な過失によって知らなかった譲受人その他の第三者に対しては、債務者は、その債務の履行を拒むことができ、かつ、譲渡人に対する弁済その他の債務を消滅させる事由をもってその第三者に対抗することができる。」（改正民法466条3項）

債権譲渡の禁止特約ではなく制限特約（以下、いずれをも「**譲渡制限特約**」いう）がある場合にも、債権を譲渡した際にはこの規定が有効です。そして、今回の改正からは、譲渡制限特約があったにもかかわらず債権が譲渡された場合は、債権者の方に証明責任があることになりました。

　つまり債権者側に、譲受人が譲渡禁止特約の存在について知っていた（悪意）又は知らないことに重大な過失があった、ということを証明する責任があるとされました。

　したがって、旧法と比べると、譲渡制限特約はあまり意味のないものとなる可能性があります。

●債権譲渡の抗弁権と相殺

　債権には自由譲渡性があると説明しましたが、「扶養請求権」や「恩給受給権」等、法律上譲渡禁止の場合もあります。

　債権譲渡が有効な場合、上記の例でAのBへの債権がCに譲渡され、BがCに支払わないときは、どうすべきかが問題となります。

　たとえば、AがBに土地を売却し、AのBに対する代金債権をCに売却したとき、Cからの請求に対し、Bは「Aからまだ土地を受け取っていない」という同時履行の抗弁権が認められます。

　また、BがAに反対債権を有する場合には、Cから相殺の抗弁権を主張することもできます。

2　抗弁権はなくなる（改正の要点）

　BがいつまでもCに対して債務を履行せず、AがBに履行の催告をしてもなお履行しない場合は、BがもともとAに対して持っていた抗弁権はなくなる、と新しい民法は規定しました。

　相殺については、もともと相殺の利益がBにあったにもかかわらず、Cに債権が譲渡された場合、BはCに対する相殺をすることもできると考えられています。これはBの保護のためです。

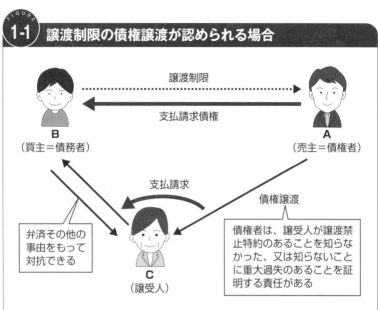

FIGURE 1-1 譲渡制限の債権譲渡が認められる場合

譲渡制限

支払請求債権

B
（買主＝債務者）

A
（売主＝債権者）

支払請求

債権譲渡

弁済その他の
事由をもって
対抗できる

債権者は、譲受人が譲渡禁
止特約のあることを知らな
かった、又は知らないこと
に重大過失のあることを証
明する責任がある

C
（譲受人）

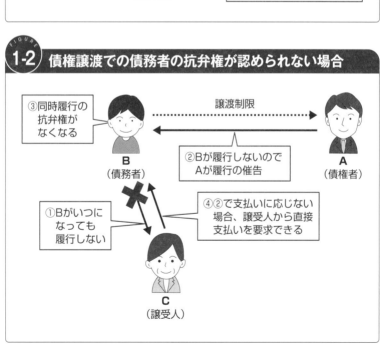

FIGURE 1-2 債権譲渡での債務者の抗弁権が認められない場合

③同時履行の
抗弁権が
なくなる

譲渡制限

②Bが履行しないので
Aが履行の催告

B
（債務者）

A
（債権者）

①Bがいつに
なっても
履行しない

④②で支払いに応じない
場合、譲受人から直接
支払いを要求できる

C
（譲受人）

2 免責的債務引受

債務引受とは、債務の同一性を失わずに引受人に移転させる契約ですが、引受人がその債務を負担する代わりに、元の債務者がその債務を免れることを免責的債務引受といいます。

債務引受とは、債務をその同一性を失わずに引受人に移転させる契約です。この債務引受の中で、引受人が元の債務者が負っていた債務と同一内容の債務を負担し、元の債務者が自己の債務を免れるのが**免責的債務引受**です。たとえば、XがYに対して債権を有するとき、ZがYの債務を引き受けて、Yが債務を免れることをいいます。免責的債務引受においては、Y（債務者）が債務を免れることが重要です。

旧法では、債務引受についての明文はありませんでしたが、判例ではどのような場合に免責的債務引受が可能とされていたのか、を見てみましょう。

● **免責的債務引受の成立要件と効果**

判例では、免責的債務引受の要件と効果は、以下のこととされていました。

・XYZの三当事者間の合意により効力を生じます（改正後も変わらない）。
・X（債権者）とZ（引受人）の契約ですることができますが、Y（債務者）の意思に反するときは効力を生じません。
・Y（債務者）とZ（引受人）の引受契約は、X（債権者）がこれを承諾（追認）することが条件となり、承諾したときは遡及的に効力を生じます。

　これも、どのような場合に免責的債務引受をすることができるか、上記の例で考えてみましょう。

・X（債権者）とZ（引受人）の契約ですることができますが、Xが当該契約をした旨をY（債務者）に通知した時に、その効力を生じます。
・Y（債務者）とZ（引受人）の引受契約は、X（債権者）がZに承諾を与えることによってもすることができます。

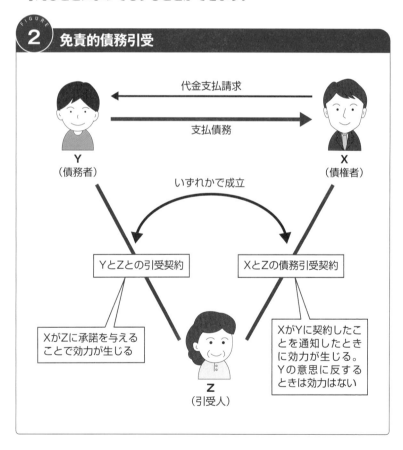

FIGURE **2** 免責的債務引受

代金支払請求

支払債務

Y
（債務者）

X
（債権者）

いずれかで成立

YとZとの引受契約

XとZの債務引受契約

XがZに承諾を与えることで効力が生じる

XがYに契約したことを通知したときに効力が生じる。Yの意思に反するときは効力はない

Z
（引受人）

併存的債務引受

> 併存的債務引受とは、元の債務者が債務を負ったまま、引受人も債務を負担する、つまり、元の債務者と引受人に債務が併存する状態のことをいいます。

併存的債務引受とは、前項の免責的債務引受では元の債務者が債務を免れるのに対して、元の債務者が債務を負ったまま、引受人も債務を負担する、つまり、元の債務者と引受人に債務が併存する状態をいいます。債務者と引受人は**連帯債務者**となります。

たとえば、XがYに対して債権を有するとき、ZがYの債務を引き受けて、Y・Zの債務が併存することをいいます。

併存的債務引受においては、Y（債務者）が債務を免れないことが重要です。旧法では明文はありませんでしたが、判例は、どのような場合に併存的債務引受をすることができると考えていたかを見てみましょう。

●併存的債務引受の成立要件と効果

判例では、併存的債務引受の要件と効果は、以下のこととされていました。

・XYZの三当事者間の合意により効力を生じます（改正後も変わらない）。
・X（債権者）とZ（引受人）の契約ですることができます。この場合、Y（債務者）の意思に反しても効力は生じます（改正後も変わらない）。
・Y（債務者）とZ（引受人）の引受契約でもできます。

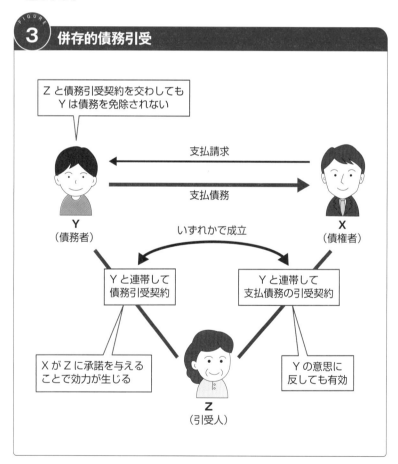

1 併存的債務引受 (改正の要点)

　これも、どのような場合に併存的債務引受をすることができるか、上記の例で考えてみましょう。ここでは改正点だけを書きます。

・Y (債務者) とZ (引受人) の引受契約でもできます。
　この場合、X (債権者) がZに対して承諾を与えた時に、その効力を生じます。

FIGURE

3 併存的債務引受

Zと債務引受契約を交しても
Yは債務を免除されない

支払請求

支払債務

Y
（債務者）

いずれかで成立

X
（債権者）

Yと連帯して
債務引受契約

Yと連帯して
支払債務の引受契約

XがZに承諾を与える
ことで効力が生じる

Yの意思に
反しても有効

Z
（引受人）

4 契約上の地位の移転

「契約上の地位の移転」とは、契約での債権・債務を第三者など
の引受人に移転させるだけでなく、契約当事者の地位まで移転さ
せることです。

前項までの債権譲渡・債務引受と異なり、契約上の地位そのものが引
受人に移転する契約です。

たとえば、Xが土地・建物をYに賃貸している場合に、Yが賃借人と
しての地位をXの承諾を得てZに売却したとします。この場合、Zは賃
借人としての債権をXに行使することができますし、Xは賃料債権をZ
に請求することができます。

このように、個々の債権・債務だけの移転ではなく、契約上の地位そ
のものを(例では賃借人たる地位)を引受人に移転する契約です。

旧法では、契約上の移転についても明文はありませんでしたが、判例
は契約上の地位の移転をすることができる要件として、以下のことを挙
げています。

● 成立要件と効果
・原契約の両当事者間＋譲受人の三面契約によるときは問題ありません
 (改正後も変わらない)。
・原契約の一方当事者と譲受人との間の契約は、他方当事者の承認を条
 件として効力を生じます。

1 契約上の地位は譲受人に移転(改正の要点)

新法では、原契約の一方当事者と譲受人との間の契約が結ばれ、原契
約の相手方が当該譲渡を承諾したときに、契約上の地位が譲受人に移転し

ます。

　なお、このように一般的な規定としては、賃借人の承諾がないと賃貸人の地位は移転しないということになりますが、不動産の賃貸借契約の譲渡については、売主から買主へ所有権が移転すると同時に、賃貸人の地位も買主に移転することとなります。このとき、賃借人の承諾は必要ありません。

　ただし、買主が賃借人に賃料を請求するには、賃貸物件について**所有権移転登記**（売買の登記）をしなければなりません。

　債務引受、契約上の地位の移転ともに改正法により明文化されました。このことは法的安定性に資するものと思われます。

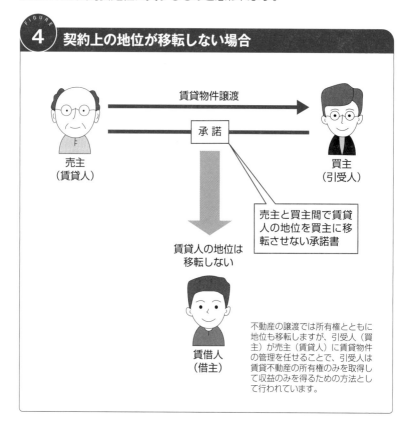

FIGURE
4 **契約上の地位が移転しない場合**

賃貸物件譲渡

承　諾

売主
（賃貸人）

買主
（引受人）

売主と買主間で賃貸人の地位を買主に移転させない承諾書

賃貸人の地位は
移転しない

賃借人
（借主）

不動産の譲渡では所有権とともに地位も移転しますが、引受人（買主）が売主（賃貸人）に賃貸物件の管理を任せることで、引受人は賃貸不動産の所有権のみを取得して収益のみを得るための方法として行われています。

弁済

　これもやはり債権総論の部分です。

　契約は、お互いが約束をして、そしてその約束を履行して終了します。その契約の履行の終了が弁済です。

　約束を果たせばいいんだろうと思いがちですが、そこにも様々な問題があります。たとえば、ある世界的な画家に肖像画を頼んだのに、当該画家は忙しく、弟子が来て肖像画を描くことができるのか、などは第三者弁済ができない例です。別に酒を主人が運んでくる必要はありません。バイトの人でもいいでしょう。これは第三者弁済が許される例です。

　このように、弁済一つを取っても難しい問題があります。

　たかが弁済と思わずに、真剣に取り組んでみましょう。

第三者弁済

第三者弁済とは、債務者の保証人などが債務者の代わりに債権者に弁済することです。

通常、債務は当事者である債務者が債権者に弁済することになりますが、債務者以外の第三者が弁済することがあります。これが**第三者弁済**といわれるものです。では、第三者弁済はどういう場合になされるのでしょうか。

第三者弁済でよく知られているものが債務者の保証人による弁済です。保証人は債務者に対して正当な利益を有しているので、債権者が反対しない限り、第三者弁済が認められます。

一方、当事者である債務者や債権者が反対している場合や、債務の性質上認められないもの、たとえば、有名画家が絵を描くことが債務の場合、第三者弁済は認められません。

1 第三者弁済が認められる場合（改正の要点）

旧法では、「利害を有しない」第三者は、債務者の意思に反して弁済できないとされていました。新法では、これを「正当な利益を有しない」第三者と改められました。

その他、新法で第三者弁済が認められる場合として、以下のものがあります。

・第三者が弁済することができる場合であっても、債権者はその受領を拒むことができます。
　ただし、その第三者が債務者の委託を受けて弁済する場合で、そのことを債権者が知ったときは拒むことはできません。

弁済について正当な利益を有しない第三者による弁済が債務者の意思に反する場合であっても、そのことを債権者が知らなかったときには、その弁済は有効とされました。

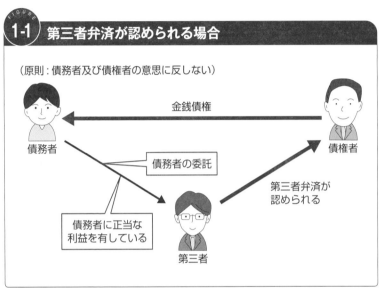

FIGURE
1-1 **第三者弁済が認められる場合**

（原則：債務者及び債権者の意思に反しない）

債務者 ← 金銭債権 ← 債権者

債務者の委託

第三者弁済が認められる

債務者に正当な利益を有している

第三者

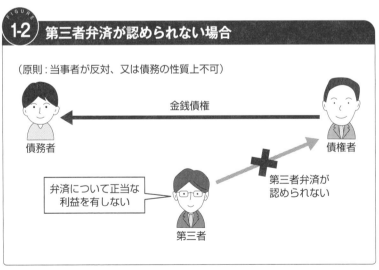

FIGURE
1-2 **第三者弁済が認められない場合**

（原則：当事者が反対、又は債務の性質上不可）

債務者 ← 金銭債権 ← 債権者

弁済について正当な利益を有しない

第三者弁済が認められない

第三者

弁済の方法

> 弁済とは、債務者が債権者に金銭や一定の物を引き渡すなどして、債務者が負っていた債務を消滅させることです。

　債務を**弁済**する方法には、金銭の支払いと物の引渡しの二つがあります。

　金銭債権の場合は金銭の支払いにより、また一定の物を引き渡す債権であればその物の引渡しによって、債権は消滅します。この支払いや引渡しの時間や受取証書をどうするか、という問題もありますし、金銭の場合は振込についての取り決めも必要です。

　旧法では、特定物については、履行期の現状で引き渡せば足りると解釈されていました。実際には、債務者が負う義務は契約によって定まることになります。

1　特定物の引渡しを債務とする場合（改正の要点）

　新法では、特定物の引渡しを債務とする場合、「契約その他の債務の発生要因及び取引上の社会通念に照らして、その引渡しをすべき時の品質を定めることができない」場合に限り、現状での引渡し義務を認めました。その他、以下の2点について新設されました。

・弁済の時間・受取証書の交付請求

　旧法にはなかった**弁済の時間**について、新法では「法令又は慣習により取引時間の定めがあるときは、その取引時間内に限り、弁済をし、又は弁済の請求をすることができる」という規定が新設されました。

　また、**受取証書**については、「弁済する者は、弁済と引き換えに弁済を受領する者に対して受取証書の交付を請求できる」と改められました。

● 預貯金口座への振込による弁済

旧法では、**預貯金口座への振込による弁済**について規定がありませんでしたが、新法で「債権者の口座振込による弁済は、債権者が振込金額の払い戻しを請求する権利を取得した時に、その効力を生ずる」との規定が設けられました。

ただし、振込による弁済の合意が認定できない場合には、弁済の効力は否定されます。

たとえば、A が B から借り入れている 100 万円の債務について、毎月月末に持参して 10 万円ずつ分割弁済することとし、遅滞した場合は遅延損害金として年率 10% の利息を支払うという契約を締結しました。

ところが A が 3 月末に支払うべき 10 万円を B のもとに持参せずに、その日に B 名義の預金口座に振り込んで入金が記録された場合、B が受領した 10 万円については有効な弁済とは認められず、B は受取りのときからの利息を付して A に返還する必要があります。

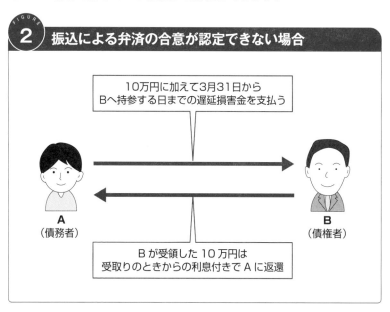

FIGURE 2 **振込による弁済の合意が認定できない場合**

10万円に加えて3月31日から
Bへ持参する日までの遅延損害金を支払う

A
（債務者）

B
（債権者）

Bが受領した 10 万円は
受取りのときからの利息付きで A に返還

弁済による代位

債務者に代わって弁済をした者が、それまで債権者が債務者に
対して持っていた担保権等の権利を代わって行使できることを、
弁済による代位といいます。

弁済による代位とは、債務者に代わって弁済をした者が債務者への求
償権として、それまで債権者が債務者に対して持っていた担保権等の権
利を代わって行使できるという制度です。

弁済によって消滅した債権者の権利が、**求償権**の範囲で弁済者に移転
することになります。そして、弁済者は求償権の範囲内で原債権や担保
権を行使することができます。

1 代位の効果（改正の要点）

代位には、第三者弁済での保証人のように正当な理由を有している者
が債権者に代位する**法定代位**と、正当な理由を有していない者で債権者
の同意がないと弁済による代位ができない**任意代位**があります。

旧法では、任意代位は「弁済をした者は、その弁済と同時に債権者の
承諾を得て」という規定がありましたが、新法では「弁済をした者は、
債権者に代位する」に改められ、債権者の承諾を必要とせずに代位でき
ると変更されました。また、債権を一部だけ弁済した代位弁済者が権利
を行使するためには、「債権者の同意」が必要な点も明記されました。

旧法では、保証人が複数いる場合に、弁済した保証人は主債務者だけ
でなく他の保証人に対しても求償権を有することになります。この場合、
保証人は他の保証人に対する求償権については、その求償権の範囲内で
代位をすることになりますが、この規定は旧法にはありませんでした。

そこで、新法では以下のようにルールを明らかにしています。

1 前二条の規定により債権者に代位した者は、債権の効力及び担保としてその**債権者が有していた一切の権利**を行使することができる。

2 前項の規定による権利の行使は、債権者に代位した者が自己の権利に基づいて債務者に対して**求償をすることができる範囲内**（保証人の一人が他の保証人に対して債権者に代位する場合には、自己の権利に基づいて当該他の保証人に対して求償をすることができる範囲内）に限り、することができる。（第501条）

FIGURE
3 **返済による代位**

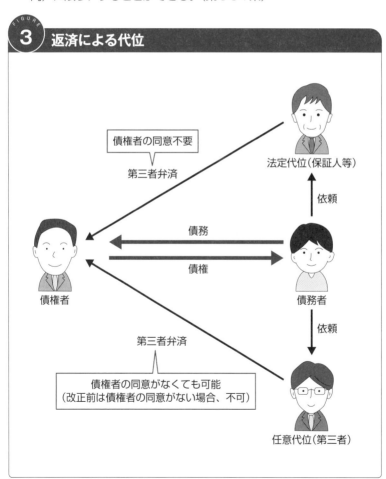

債権者の同意不要
第三者弁済

法定代位（保証人等）

依頼

債務

債権

債権者

債務者

依頼

第三者弁済

債権者の同意がなくても可能
（改正前は債権者の同意がない場合、不可）

任意代位（第三者）

相殺

相殺とは、金銭債権を当事者二人が互いに有している場合に、双方が互いの債権を対等額で消滅させることです。

相殺とは、金銭貸借関係にある当事者双方が、同一種類の債権と債務がそれぞれある場合に、相殺の意思表示をすることで、債権と債務が重なり合う額について消滅させることをいいます。

たとえば、AがBから200万円を受け取る権利がある一方、Bに100万円を支払う義務を負っている場合に、Aが相殺の意思表示をすることで、債権と債権が重なり合う100万円がそれぞれ消滅し、BはAに100万円を支払えばよいということになります。この相殺の意思表示をする側の債権を**自働債権**(相殺に用いる債権)、相殺される側の債権を**受働債権**(相殺される債権)といいます。

相殺をするには、当事者の間で互いに有効かつ同種で、相殺を許す性質の債権が対立し、双方が弁済期にあることが必要です。

1 相殺禁止(改正の要点)

新法では、相殺に必要な要件が以下のようになりました。

● 相殺禁止の意思表示がないこと

旧法では、当事者が相殺に反対の意思を表示した場合には相殺できないと定めています。ただし、相殺禁止の特約等があることを知らないで債務を譲り受けるなどした善意の第三者には対抗できないとされていました。

これが新法では、債権を譲り受けた第三者が、相殺禁止の特約を知っていたり、又は重大な過失によって知らなかったときに限り、債務者はその第三者に対抗できることになりました。

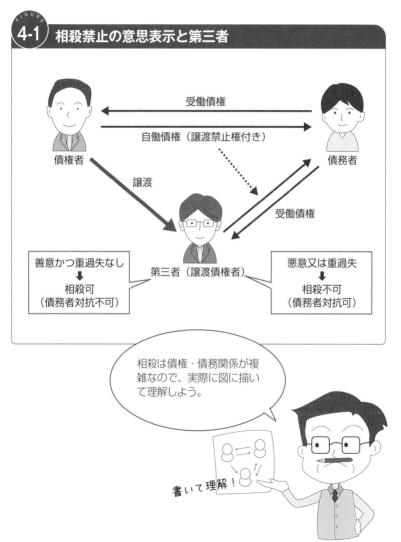

FIGURE 4-1　相殺禁止の意思表示と第三者

受働債権

自働債権（譲渡禁止権付き）

債権者

債務者

譲渡

受働債権

第三者（譲渡債権者）

善意かつ重過失なし
↓
相殺可
（債務者対抗不可）

悪意又は重過失
↓
相殺不可
（債務者対抗可）

相殺は債権・債務関係が複雑なので、実際に図に描いて理解しよう。

書いて理解！

● **不法行為債権の債務者による相殺禁止**

旧法では、不法行為によって生じた債権の債務者は、債権者に対し、他の債権による債務を主張できないとされていました。

しかし、不法行為といっても、ふつうの金銭債務の不履行の場合でも悪意と認定されて相殺が禁止されかねません。

そこで、新法では「悪意による不法行為に基づく賠償行為の債務」と「人の生命又は身体の侵害による損害賠償の債務」に限り、相殺が禁止されました。ただし、例外的に「その債務者がその債権にかかる債権を他人から譲り受けたとき」に限って、相殺で債権者に対抗できると定められました。

たとえば、加害者の過失による自動車事故で被害者の全損した車を譲り受けた人（譲渡債権者）が、たまたま加害者に金銭債務を負っていた場合、車の損害賠償債権と金銭債権を相殺できる、というものです。

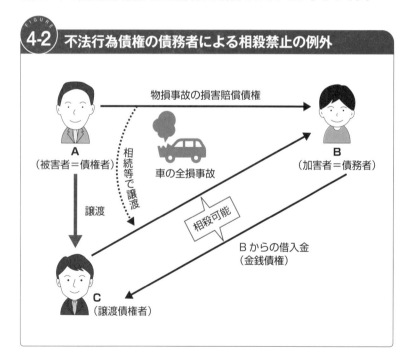

FIGURE 4-2 不法行為債権の債務者による相殺禁止の例外

物損事故の損害賠償債権

A（被害者＝債権者）

相続等で譲渡

車の全損事故

B（加害者＝債務者）

譲渡

相殺可能

Bからの借入金（金銭債権）

C（譲渡債権者）

CHAPTER

7

約款

　これは、やはり債権総論の部分ですが、今回の改正の目玉
の一つです。

　民法が制定された当時、定型取引を前提とする約款など、
大勢の人を対象に何かを約束するということはなかったので
しょう。

　現在は、PCを活用したインターネットなどの発達により、
一つの会社でも大勢の人を相手として契約することはたくさ
んあります。こんな場合は、契約の中身を統一しておかない
と面倒なことになります。

　約款はそういう場面で使われることになります。

　これからも、これらの形態は増加していくでしょう。した
がって、約款について知っておくことは、実務では当然のこ
ととなります。

定型約款の合意

> 当事者間で定型約款を契約内容とする旨の合意をしたときや、
> 定型約款の内容をあらかじめ顧客に表示して取引を行ったとき
> は、定型約款の合意をしたものとみなされます。

ある特定の者が不特定多数の者を相手方として行う取引であって、そ
の内容の全部又は一部が画一的であることが、その双方にとって合理的
なものを**定型取引**といいます。

たとえば、PC等によって財産やサービス等を不特定多数の人に提供
する取引などです。**定型約款**とは、こうした定型取引における準備され
た条項の総体のことをいいます。

バスや鉄道などの旅客運送約款や電気・ガス供給約款等はこれに該当
するといえます。また、PCソフトライセンスやインターネット利用規約
もこれに入るでしょう。

取引の中には特殊なものや取引の当事者の相手方に忖度^{そんたく}しなければな
らないものもあります。しかし、定型取引の約款については、これまで
の民法には規定がありませんでした。

しかし、取引などをよりスムースに運ぶには、このような定型約款を
法律で定めておくことが必要とされています。

1 定型約款（改正の要点）

そこで、PCなどを利用して多様な大量取引が迅速に行われている現
代社会において、今回の改正にあたり、「定型約款」のルールを設けてお
くことが便宜にかなうとされたのです。

改正法においては、次の条項に該当する場合にその定型約款について
合意したものとみなされます。ただ、いずれも相手方が個別の約款内容
を了解していなくてもよい、とされています。

・定型約款を契約の内容とする旨の合意をしたとき。

・定型約款を準備した者（以下「**定型約款準備者**＊」という）があらかじ
　めその定型約款を契約の内容とする旨を相手方に表示していたとき。

　これにより、大量の定型取引が滞りなく行われることが期待されてい
ます。実務的には、これまで明文規定がなかった個所でもあり、「**定型約
款の合意**」の採用は大きな影響を与えるものと思われます。

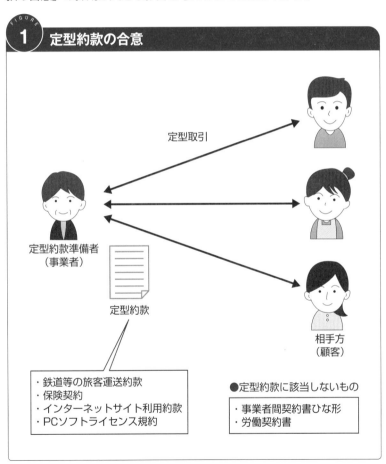

FIGURE
1　定型約款の合意

定型取引

定型約款準備者
（事業者）

定型約款

相手方
（顧客）

・鉄道等の旅客運送約款
・保険契約
・インターネットサイト利用約款
・PCソフトライセンス規約

●定型約款に該当しないもの

・事業者間契約書ひな形
・労働契約書

＊**定型約款準備者**　不特定多数の者を顧客としてサービスを行う旅客運送業者や保険事業者のこと。

みなし合意除外規定

> 相手方の権利を制限したり義務を加重したりする条項、定型取引の態様・実情に照らして原則に反し、相手方の利益を一方的に害すると認められる条項は、みなし合意除外とされます。

　みなし合意除外規定とは、定型約款に合意条項があったとしても、準備者が相手方の権利を制限し、又は相手方の義務を加重する条項がある場合などは、例外として扱われなければならないということです。

　特に、定型約款を準備した者（定型約款準備者）があらかじめその定型約款を契約の内容とする旨を相手方に表示していたときは、相手方に不利な条項であることが多いと考えられます。このような場合は、定型約款の合意はなされなかったとみなすことが信義誠実の原則にかなうものとされます。

　たとえば、1回の取引という約束だったはずなのに、1回だけでは終わらず継続的取引を要求される場合や、取引した物に継続的メンテナンスが必要な場合などです。

　このように不当な約束が隠れていたり、相手方にとっては予期せぬ負担が生じるような契約の場合は、信義則上、合意があるからといってそのままにすることはできません。つまり、合意の除外規定を設けるということです。しかし、定型約款の合意には、相手方が個別の約款内容を了解していなくてもよいとされていました。

1 みなし合意の例外規定（改正の要点）

　そこで、改正民法では、次のような場合は合意したとはみなさない旨の例外規定が設けられました。

・相手方の権利を制限し、又は相手方の義務を加重する条項であること。
・定型取引の態様及びその実情並びに取引上の社会通念に照らして、定型約款準備者が表示する規定に、基本原則に反して相手方の利益を一方的に害すると認められるもの。

ただし、一見すると準備者に有利で相手方に不利益を与えるような条項であっても、その取引が業界内で慣行として行われている場合や、相手方が十分に納得した上でその約款適用を望んでいる場合は、信義則違反とは認められない場合もあります。

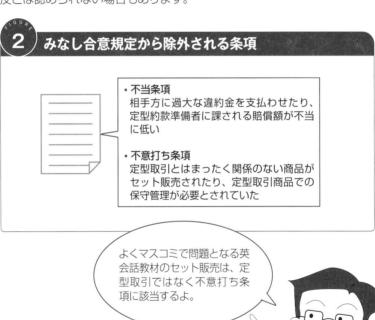

FIGURE
2 **みなし合意規定から除外される条項**

・**不当条項**
相手方に過大な違約金を支払わせたり、定型約款準備者に課される賠償額が不当に低い

・**不意打ち条項**
定型取引とはまったく関係のない商品がセット販売されたり、定型取引商品での保守管理が必要とされていた

よくマスコミで問題となる英会話教材のセット販売は、定型取引ではなく不意打ち条項に該当するよ。

定型約款の内容の表示

定型約款準備者が、定型約款の内容を顧客となる不特定多数の相手方に書面や電磁的記録で表示することを「定型約款の内容の表示」といいます。

定型約款による契約をする場合、その内容を相手方がわかっていなければなりません。そこで、準備者はその内容を開示する必要があります。

定型約款の内容の開示義務に違反する場合、準備者は**債務不履行**となり、**損害賠償責任**を負います。

定型的な契約の場合でも例外がある限り、やはりその内容が当事者の契約内容となり、その表示をしないと相手方は十分な理解ができないまま契約関係に入ることとなります。これを避けるためには、内容の表示義務が必要とされます。

1 定型約款の内容表示義務を明文化（改正の要点）

そこで改正法では、定型約款の内容表示義務を明文化しました。その規定の内容は以下のとおりです。

「定型取引を行い、又は行おうとする定型約款準備者は遅滞なく、相当な方法でその定型約款の内容を示さなければなりません。」

ここにいう「相当な方法」とは、定型約款を記載した書面を交付し、又はこれを記録した電磁的記録を提供したり、ウェブページの閲覧を促すことですが、インターネット環境にない相手方にウェブページの閲覧を求めることは、相当な方法に当たらないとされています。

ただし、定型約款準備者がすでに相手方に対して定型約款を記載した書面を交付し、又はこれを記録した電磁的記録を提供していたときは、表示の義務はありません。

なお、定型約款準備者が定型取引合意の前において定型約款の内容表示の請求を拒んだとき、定型約款は契約内容とはなりません。また、この表示義務を怠った場合、定型取引の合意前であれば、定型約款の内容についてみなし合意の規定は適用されません。

　一方、定型取引の合意後に表示義務を怠った場合には、定型約款準備者の債務不履行になりますので、損害賠償請求を受ける可能性等が生じることになります。

　定型約款の内容の表示に関する規定は、改正民法において初めて明文化したものですから、実務への影響は大きいものと考えられます。

FIGURE 3　定型約款の内容表示

書面
PC等

媒体を通して
約款条項を開示

定型約款
準備者
（事業者）

不特定多数の
相手方（顧客）

現在手元にある約款を
見直してみよう。

しっかり
見直し

定型約款の変更

定型約款は、不特定多数を相手とするため、相手方の同意がないままで約款内容を変更する条件と通知方法が細かく規定されています。

通常の契約において、相手方の同意を得ないでその内容を変更することは、安定性に欠け、相手方への影響は大きいものです。

しかし、定型約款においては、相手方が不特定多数であり、その変更に相手全員の同意を得ることは不可能に近いと考えられます。

たとえ事後的な同意が可能だったとしても、変更は法的には無効です。

また、このような定型契約においては、法令の改正等があれば、内容を変更せざるを得ません。

1 定型約款の変更（改正の要点）

そこで改正法では、以下の場合、定型約款準備者は相手方の同意がなくても**定型約款の変更**をすることができる、と明文化されました。

・定型約款の変更が、相手方の一般の利益に適合するとき。
・定型約款の変更が、契約をした目的に反せず、かつ、変更の必要性、変更後の内容の相当性、この条の規定により定型約款の変更をすることがある旨の定めの有無及びその内容その他の変更にかかる事情に照らして合理的なものであるとき。

● 変更の通知方法

通知の方法としては、その効力発生時期を定めかつ定型約款を変更する旨、及び変更後の定型約款の内容、並びにその効力発生時期をインターネットの利用、その他の適切な方法により周知しなければならない、と

定められています。

　この周知が効力発生時期までになされない場合は、約款変更は効力を生じません。

　実務面に与える影響としては、いまある約款や契約が定型約款に該当するか否かの判断が重要となります。定型約款に該当する場合は、前述のみなし合意による契約内容化、不当条項規制、定型約款の表示義務といった条項の適用を受けることになります。

　また、定型約款の定義は明文化されましたが、具体的にどういう取引が定型約款と認められるかは、文言からだけでは判然としません。したがって、具体的な取引ごとに定型約款に該当するかどうかの判断が今後とも求められています。

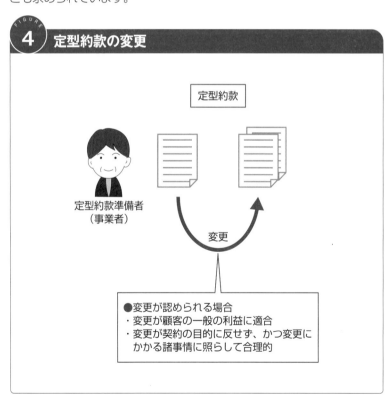

FIGURE 4 定型約款の変更

定型約款

定型約款準備者
（事業者）

変更

●変更が認められる場合
・変更が顧客の一般の利益に適合
・変更が契約の目的に反せず、かつ変更に
　かかる諸事情に照らして合理的

契約の解除

契約は、期間満了のほかに解除という方法でも終了できます。契約の解除は、当事者の合意のほか、相手方の故意・過失に関係なく相手方に不履行があった場合も可能です。

契約の解除とは、契約の一方当事者の意思表示により、すでに有効に成立した契約の効力を消滅させて、その契約がなかったと同様の法律効果を生じさせることをいいます。簡単にいえば、「この契約はなかったことにしましょう」という旨の意思表示です。

解除にも様々な種類がありますが、原則として解除するためには、契約の相手方の故意又は過失が必要とされています。これは、現行の解除の存在意義について、「せっかくの契約が、債務者の責任によってダメになったのだから、債務者に損害賠償を請求するための制度」と考えられたからです。

したがって、Aが家屋を1億円でBに売却し、その履行期を10月1日と定めた場合、Aが期日前に故意・過失により当該家屋を火災などにより焼失したときは、BはAとの契約を解除して、Aに損害賠償を請求することができました。

また同じ例で、期日までにBが故意・過失により1億円を支払わなかったときは、AはBとの契約を解除して、Bに損害賠償を請求することができました。

1 契約の解除（改正の要点）

改正民法は、解除を「債権者を契約による拘束から解放するための制度」と考えたのです。そこで、解除をするためには、相手方の故意・過失は不要ということになりました。

たとえば、上記の例でBが履行期に遅れたことがBの故意・過失によらなくても、AはBとの契約を解除することができるのです。

そこで、実務上は契約書等に、「相手方が故意又は過失により本契約の定めに違反した場合には解除できる」となっているような場合には、契約書チェック時に気をつけなければなりません。

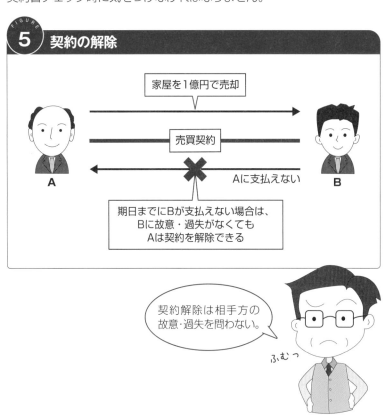

FIGURE 5 契約の解除

家屋を1億円で売却

売買契約

Aに支払えない

A　　　　B

期日までにBが支払えない場合は、
Bに故意・過失がなくても
Aは契約を解除できる

契約解除は相手方の
故意・過失を問わない。

ふむっ

登記が優先する二重譲渡の謎

　XがYに土地甲を売却したとします。XからYへの移転登記が済む前にXはZにも土地甲を売却しました。そして、登記をZに移転しました。こういった事例を二重譲渡といいます。

　この場合、所有者だと主張することができるのは、Yでしょうか？　Zでしょうか？

　順番からいうと、Yに最初に売っているのだからYが所有者といえそうです。しかし、民法は登記で決着する立場を採用していますので、実際にはZが所有者として扱われます。

　ただし、Xはすでにに土地を売却しているのだから、甲地については無権利者ではないか、という疑問が生じます。無権利者であるXがZに甲土地を売却することができるのか、そして、登記さえ移転すればZが所有者といえるのか──。考えれば考えるほど意味がわかりません。この説明に学者は苦労しています。

売買

　ここから債権各論に入ります。債権各論は様々な契約を取り上げますが、その中で日常的に最も頻繁に行われるのが「売買契約」です。

　鉄道の切符を買うのも、目的地まで安全に運んでもらうことを鉄道会社と取り決める契約です。

　債務者に落ち度があって契約の目的を達成することができない場合は、債務不履行の問題となりますが、債務者に何の故意も過失もないのに契約の目的を達成できないこともあります。それが担保責任の問題です。

　売主の担保責任の規定は大幅に改正されました。改正点を自分のものとし、実務上、対応できるだけの知識を蓄えていただきたいものです。

手付

手付（てつけ）とは、売買契約などにおいて買主が売主に対して契約成立を確保するためや、逆に契約解除をする場合に、相手方に交付される金銭その他の有価物をいいます。

手付とは、契約締結時に当事者の一方が相手方に交付する金銭その他の有価物の総称とされています。

一般の売買契約では、買主が売主に対して契約成立を確保するために金銭等を交付することが行われています。これがいわゆる手付金です。

手付には、売買契約成立の証拠となる証約手付、手付交付者の債務不履行のときに没収する違約手付、そして契約解除を確保するための解約手付の３種類があります。民法では、手付といえばこの解約手付のことを指します。解約手付は代金の一部として前払いされることが多く、解除権が行使されないうちに契約が履行された場合には、代金の一部となります。

1 解除の明文化（改正の要点）

旧法では、買主による手付の放棄と売主の倍返しによる解除は、当事者の一方が履行に着手したときまでと定めていました。

しかし判例では、契約の履行に着手した側が履行の着手後に解除することは許される、とされます。そのため、新法では、自らが履行に着手していても相手方が履行に着手するまではなお解除できることが明文化されました。

また、売主から手付を倍返しすれば解除できることを、従来は、売主は「倍額を償還して」という文言で表していましたが、これでは買主が受け取らない場合には供託*までしなければならないとも読み取れます。

しかし、判例ではそこまでは必要なく、相手に提供したあとは買主が受け取るのを待つだけ、という「現実の提供*」で足りるとされています。

● 契約履行後の手付解除は不可

以上により、契約を解除しようとする側が契約の履行に着手していても手付解除が可能であり、また履行に着手したことによる解除制限の立証責任が相手方にあることを明らかにしました。

ただし、その相手方が契約の履行に着手したあとは、この限りでないと改正されています。

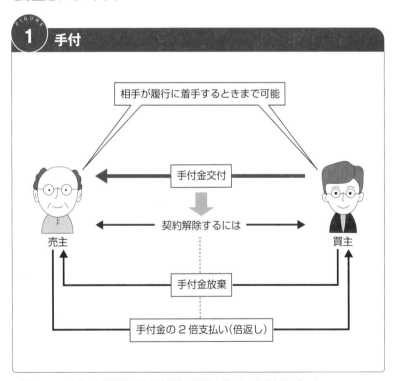

FIGURE 1 手付

相手が履行に着手するときまで可能

手付金交付

契約解除するには

売主　　　　　　　　　　　　　　　　　　買主

手付金放棄

手付金の2倍支払い（倍返し）

＊供託　　金銭、有価証券などを国家機関の供託先に提出して管理を委ねること。
＊現実の提供　弁済者が自分がなすべき給付をすべて行い、債権者が実際に受領して履行が完了するという実行行為のこと。

担保責任

担保責任とは、売買契約において売主から買主へ引き渡された
目的物が契約条件に適合していない場合の、売主責任のことです。

売買契約では、売主は買主に目的物を引き渡す義務、買主は代金支払いの義務を負います。ただ、売主から引き渡された目的物が契約条件に適合していない場合、買主は売主に対して債務不履行として、**代金減額**、**損害賠償**、**契約解除**のいずれかを請求することができます。この売主に課した責任を「**売主の担保責任**」といいます。

1 代金減額請求権（改正の要点）

新法では、以下の項目が改正されました。

●担保責任

旧法では、売主の責任が故意・過失の場合は「債務不履行」として、無過失責任の場合は「担保責任」として区別されていました。新法では、買主に引き渡された目的物が契約内容に適合しないときには、売主の責任を債務不履行として、買主は履行の**追完請求権**（目的物の修補や代替物の引渡しや給付など完全履行を求める権利）および不適合の度合いに応じた**代金減額請求権**が定められました。

ただし、契約不適合の内容によっては、売主の提供する追完方法を優先すべき場合もあり、売主は買主に不相当な負担を課するものでないときは、買主が請求した異なる方法での履行の追完が可能、との規定も設けられました。

なお、契約内容の不適合が買主の責任で生じたものであるときは、追完請求をすることはできません。

● 担保責任の期間制限

旧法では、担保責任への買主の権利行使は「事実を知った時から1年以内」という**期間制限**を設けていました。新法では、引き渡された目的物が種類又は品質に関して契約不適である場合、買主の権利行使は「不適合を知った時から1年以内」とし、損害請求は売主に対し不適合があることを通知すれば足りるとしました。

なお、この期間制限は種類や品質の不適合にのみ適用され、数量不足や権利移転義務の不履行には適用されません。

● 抵当権等がある場合の買主による費用の償還請求

売主から買った目的物に、契約の内容に適合しない他人の権利による負担等があった場合、買主は売主に対し、**追完請求権**、**代金減額請求権**、**解除権**があることを定めています。

買主を保護するために売主に課された責任を「売主の担保責任」といいます。

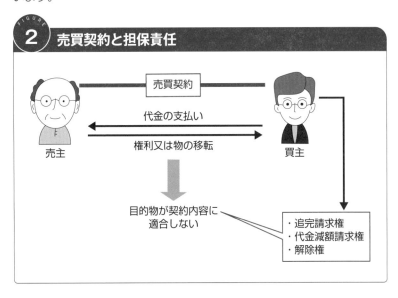

FIGURE 2 **売買契約と担保責任**

売買契約

代金の支払い

権利又は物の移転

売主

買主

目的物が契約内容に適合しない

・追完請求権
・代金減額請求権
・解除権

離婚という、人生を左右する事例は果たして裁判官の裁量に委ねられていいのか？

　離婚の9割は当事者の話し合いによって成立します。これを「協議上の離婚」といいます。

　民法770条1項によると、夫婦の一方は、一定の事由に該当する場合に限り、離婚の訴えを提起することができます。民法はいわゆる「破綻主義」を採用しているのです。

　そして、それに続けて「裁判所は、一定の事由がある場合であっても、一切の事情を考慮して婚姻の継続を相当と認めるときは、離婚の請求を棄却することができる」と規定しています。

　つまり、当事者が裁判での離婚を希望しその理由もあるのに、裁判官の裁量により、婚姻生活を続けたほうがよいと判断できる、と規定しているのです。

　当事者は、裁判上の離婚を提訴するには相当悩んだでしょう。そして、その事由もあるのです。そこで、そんな悩みを知らない裁判官が「婚姻を続けましょうよ」って言えるのでしょうか。

　裁判官の中には、勉強ばかりしていて人生経験の乏しい人もいます。たとえ人生経験に富んでいても、これほどまで悩める人たちに引導を渡すことができるのでしょうか。私は疑問です。

賃貸借

　本章で扱うのは、債権各論の中で売買契約に次いで問題が多い「賃貸借契約」についての改正点です。

　最近、賃貸借契約については、「賃貸不動産経営管理士」という資格もでき、問題点が多いこともあって、借地借家法は改正を重ねています。

　賃貸借契約は不動産関連のビジネス面でも、住まいという生活面の観点からも、知らないでは済まされない大切な契約です。

　転貸借という新しい賃貸方式もビジネスとして定着していますが、まだ契約や明渡し時の原状回復に関するトラブルが多くなっていて、これらの相談も多くなりそうです。

　なお、本章では賃貸借と関連している「使用貸借契約」「贈与契約」も取り上げています。

消費貸借

消費貸借は、借りた物をそのまま返すのではなく、借りた物を消費した上で返すことです。代表的なものは、借主が貸主から金銭等を受け取り、これと同種、同質、同量の物を返還する金銭消費貸借契約です。

消費貸借とは、借主が貸主から一定の金銭その他を受け取り、これと種類、品質及び数量の同じ物を返還することを約束する契約です。目的物は金銭に限られませんが、代表的なものが金銭の消費貸借です。

1 諾成契約として明文化（改正の要点）

旧法では、消費貸借は金銭等を受け取ることによって成立するので、「要物契約」*とされていました。しかし、新法では書面でする消費貸借は当事者の合意だけで成立する**諾成契約***だとして明文化されました。

そのため、書面で行う消費貸借の借主は、貸主から金銭その他の物を受け取るまで契約の解除ができます。一方、貸主はその契約の解除によって損害を受けたときは、借主に対し、その賠償を請求できることも定められました。

●利息

消費貸借契約は無利息が原則ですが、これを明確にするために新法では、貸主は特約がなければ借主に対して利息を請求することができない、と定められました。

契約に利息を付する特約があるときは、貸主は借主が金銭その他の物を受け取った日以後の利息を請求できることも明記されました。

●返還時期と期限前弁済

　消費貸借で返還時期の定めがない場合、貸主は相当の期間を設けて返還の催告をすることができます。

　一方、旧法では借主は「いつでも返還できる」とされてきましたが、新法では、借主は「返還の時期の定めの有無にかかわらず」、いつでも返還できると改められました。

　返還時期を定めた場合に、借主がその時期の前に返還したことで貸主が損害を受けたときは、借主にその賠償を請求できることが明記されました。

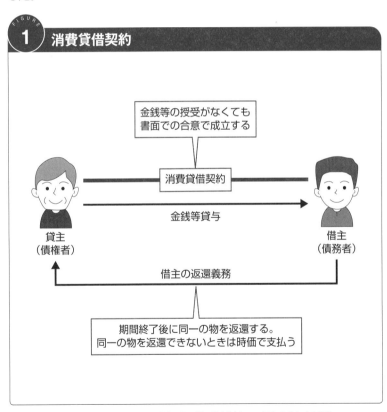

FIGURE 1 **消費貸借契約**

金銭等の授受がなくても
書面での合意で成立する

消費貸借契約

金銭等貸与

貸主
（債権者）

借主
（債務者）

借主の返還義務

期間終了後に同一の物を返還する。
同一の物を返還できないときは時価で支払う

＊**要物契約**　意思表示だけでなく、物の引渡しその他の給付があって初めて成立する契約。
＊**諾成契約**　当事者同士の意思表示のみで成立する契約。

賃貸借の存続期間

　賃貸借契約が終了する場合には、契約期間の満了、解約の申入れ、特別規定による解除があります。

　賃貸借とは、当事者の一方がある物の使用及び収益を相手方にさせる約束をし、相手がこれに対してその賃料を支払うことを約束することで成立する契約です。

　賃貸借契約が終了する場合には、①**存続期間の満了**、②**解約の申入れ**、③**特別規定による解除**があります。

　では新法で、この存続期間と契約解除等による終了はどのように改正されたのでしょう。

1　賃貸借の存続期間と終了（改正の要点）

　新法では、以下の項目が改正及び明文化されました。

●賃貸借の存続期間

　賃貸借の存続期間は、契約で期間を定めた場合はその期間となりますが、旧法では賃貸期間は 20 年を超えることはできないとされていました。存続期間は更新できますが、その期間も 20 年とされていました。

　新法では、賃貸借期間は 50 年を超えないこととし、更新期間も更新の時から 50 年を超えることができないと改められました。

●契約解除による終了

　賃貸借物の滅失による契約の解除・終了については、旧法では規定がありませんでしたが、新法では賃借物の滅失等の場合、賃貸借契約は解除され終了することが明記されました。この場合、賃借人は解除の意思

表示をする必要はありません。

● 土地建物や農地牧草地の存続期間

　上記の一般賃貸借以外の借地、借家や農地、牧草地の賃貸借の場合は、存続期間が一部改正されました。

　借家の場合は、存続期間について改正はなく、契約期間に上限はありません。借地については、存続期間は 30 年もしくは契約に定められた期間とし、これも上限はありません。

　一方、農地や牧草地の賃貸借の存続期間は、一般賃貸借と同じ 50 年と改められました。

■賃貸借する土地、建物、農地牧草地の存続期間

契約目的物	存続期間	根拠条文
建物	契約期間（上限なし）	借地借家法第 29 条第 2 項
土地	30 年。契約期間（上限なし）	借地借家法第 3 条
農地、牧草地	50 年	農地法第 19 条

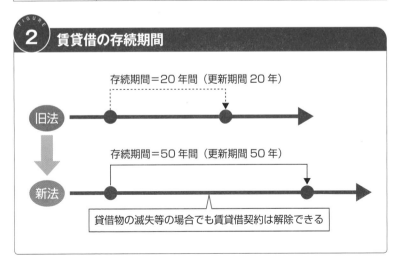

FIGURE 2　賃貸借の存続期間

存続期間＝20 年間（更新期間 20 年）

旧法

存続期間＝50 年間（更新期間 50 年）

新法

貸借物の滅失等の場合でも賃貸借契約は解除できる

不動産の賃貸人たる地位の移転

不動産の賃貸借権において賃貸人の地位が移転しても、賃借人は賃借権の登記によって譲受人や第三者にその地位を対抗することができます。

不動産の賃貸人の地位の移転については規定がありませんでした。今回の改正は、対抗要件等を明らかにしました。

旧民法では、不動産の賃貸借は、賃借権の登記があれば、その後、当該不動産が譲渡された場合、その譲受人に対しても、その効力を生じると規定されていました。

たとえば、XがYに土地を賃貸し、その旨の登記（賃借権の登記）があれば、その賃貸借契約のあとにXがZに当該土地を譲渡したとき、YはZに対し、賃借人である地位が効力を生じることを意味します。

ただ、これだとYの登記のあとにZに譲渡した場合に限られることになります。つまり、Yは登記の前に登場したZには賃借人である地位を対抗することはできません。

1 賃借人である地位の対抗要件（改正の要点）

新法は、この点について、旧法の「その後」を削除し、登記の前に登場したZにもYは賃借人である地位を対抗することができるものとしました。

また、新法は、旧法と異なり、「譲受人」に対抗できるだけではなく、「その他の第三者」にも対抗できると規定しました。

たとえば、XがYのほかにAにも同じ土地を賃貸していた場合、YはAにも対抗できることになったのです。

なお、「効力を生じる」という規定も「対抗することができる」に変更しています。これは、上記の例で、XからZへの所有権の移転とYがZ

へ賃借人の地位を対抗できることを区別して、後者のことを規定していることを明文化したというわけです。

実務面においては、現在使用している賃貸借契約書の各条項について、新法ではどのように変わるのかを確認した上で、適切に見直すことが必要となります。

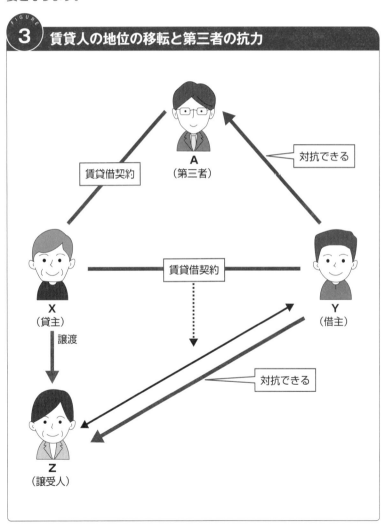

FIGURE 3 賃貸人の地位の移転と第三者の抗力

A（第三者）

対抗できる

賃貸借契約

X（貸主）

賃貸借契約

Y（借主）

譲渡

対抗できる

Z（譲受人）

不動産の賃借人の妨害排除（停止）請求権

不動産の賃貸借権において、賃借権を登記した借主の占有を第三者が妨害したり、当該不動産を占有した場合には、借主は第三者に妨害排除を請求することができます。

登記を備えた賃借人は、当該不動産の占有を第三者が妨害したり、又は第三者が占有している場合に、第三者に対し妨害停止や第三者が占有する不動産の返還を請求できます。これを**賃借人の妨害排除請求権**といいます。

賃借権は債権の一種です。債権というのは賃借権でいえば、賃借人たるYが権利を主張することができる相手は、賃貸人たるXだけということを意味します。つまり、契約当事者間（XY間）での問題ということになります。

たとえば、第三者が賃借土地をゴミ捨て場にして当該土地の占有を妨害している場合、もともと妨害をやめろと言う権利を有しているのは所有者のXだけです。YはXの妨害排除（停止）請求権を第三者に代位行使して、その妨害をやめろ、と言うことができることになります。このルールは、第三者が占有をしているときも同様です。

たとえば、第三者が当該土地に家屋等を建てて占有している場合に、YはXの有する返還請求権を代位行使して当該占有の返還請求ができるということです。

しかし、この問題に関し判例は、賃借権の登記があれば、Y自体が妨害の停止も返還の請求もできるとされていました。

1 妨害排除請求権と返還請求権（改正の要点）

そこで、新法では不動産賃貸借について、賃借人が対抗力を備えた場合には、**妨害排除請求権**と**返還請求権**を行使できることが明文化されました。

賃借権の登記があったり、借地の上に登記された建物を所有するなど、賃貸借の対抗要件を備えた賃借権は、物権のような対外的・排他的効力を有しています。

つまり、賃貸借の対抗要件が具備されていれば、所有権に基づく妨害排除請求や所有権に基づく返還請求と同じことを、賃借権に基づいて行うことができるのです。

従来の判例理論の明文化に過ぎませんから、実務への影響は少ないものと思われます。

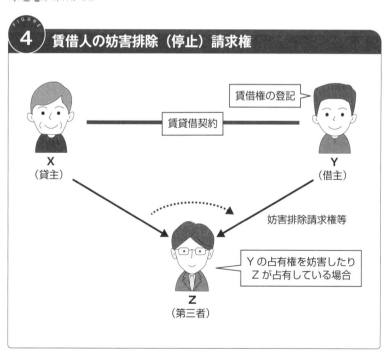

FIGURE 4 **賃借人の妨害排除（停止）請求権**

賃貸借契約

X（貸主）

Y（借主）　賃借権の登記

妨害排除請求権等

Yの占有権を妨害したり
Zが占有している場合

Z（第三者）

転貸の効果

賃貸人と賃借人との合意で賃貸借契約が解除された場合は、転借人に対抗することはできません。

賃借人が借りていた建物を、賃貸人の承諾を得て第三者に**転貸**した場合、**賃貸人**と**賃借人**・**転借人**との間の法律関係はどうなるのでしょうか。

たとえば、X所有の建物をYに賃料8万円で賃貸し、YがZに当該建物を賃料10万円で転貸（また貸し）した場合、ZとXの関係はどうなるのかという問題です。

これについて旧法では、転借人は賃貸人に対して直接に義務を負うこと、賃料の前払いをもって賃貸人に対抗できないこと、賃貸人は賃借人に対しても引き続き権利行使ができることだけを定めており、転借人の義務の内容について、旧法には明確な条文は存在していません。

すなわち、転借人Zは原賃貸人Xに対して直接の義務を負うという規定はあったものの、どのような義務かについては明らかではありませんでした。

転貸についての問題は大きく以下の二つとなります。

第一に、ZのXに対して負う義務の範囲です。転貸借契約で賃料以外に何の約束もなければ、ZのXに対する賃料は8万円となるでしょう。10万円の支払い義務があるとするのは、YはXから8万円で借りたにもかかわらず、加重な義務を負わせることになるでしょう。

第二に、ＸＹ間で賃貸借契約が解除された場合、Zはどうなるのかという問題です。

Yは他人の家屋を賃貸することはできませんから、Zはその家屋を出ていく義務があるのでしょうか。その解除は、Zを追い出すための、ＸＹ間で仕組んだものであるかもしれません。そのような場合もZは明け

渡す必要があるのでしょうか。

1 賃料の明文化（改正の要点）

新法では、第一の問題については、これまでの解釈どおり、8万円の賃料ということが明文化されました。これは、「転借人は、賃貸人と転貸人との間の賃貸借に基づく債務の範囲を限度として、賃貸人に対して転貸借に基づく債務を直接履行する義務を負う」という規定から明らかです。

第二の問題は、Yの債務不履行を理由とするXの解除以外はZに対抗することはできないという明文規定を設けました。すなわち、原則としてZの地位に変更はないという明文規定を設けたのです。

これらは判例理論を明文化したものに過ぎませんから、実務への影響は少ないと思われます。

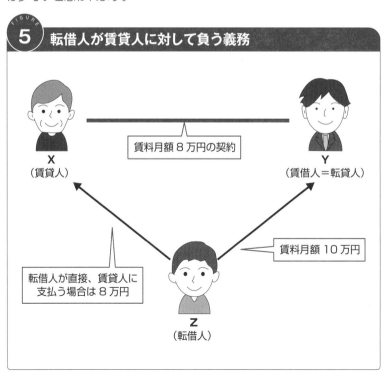

FIGURE 5　転借人が賃貸人に対して負う義務

賃料月額8万円の契約

X
（賃貸人）

Y
（賃借人＝転貸人）

賃料月額10万円

転借人が直接、賃貸人に支払う場合は8万円

Z
（転借人）

賃借人の原状回復義務

住居の賃貸借契約において、途中解約や期間満了で契約が終了して賃借物を明け渡す際に、借主が入居時の状態に戻してから返還する義務を原状回復義務といいます。

原状回復義務とは、住居の賃貸借契約において、契約終了、又は途中解約する際に、借主・入居者が部屋に設置したものを取り除いてから部屋を返すべき義務のことをいいます。

賃貸借契約は継続的な契約ですから、賃借物に経年劣化や賃借物の損傷がある場合が多いと思われます。契約終了時の原状回復義務がどこまでの範囲なのか、明らかではありませんでした。

これまで、通常の経年劣化や通常使用による損傷については規定がなく、しかも、それらについては賃借人が賃料を支払っているのであるから、原状回復義務を負わないというのが判例でした。

もちろん、通常の使用でない場合の損傷については、賃貸人と賃借人との間で取り決めた使用方法を逸脱しているのですから、賃借人が損害賠償義務を負うのは当然です。ただ、その損傷が賃借人の責に帰さない事由によるものである場合には、原状回復義務を負わないと考えられていました。

1 原状回復義務の範囲（改正の要点）

そこで、改正民法では「原状回復義務」の範囲について、以下のように明示しました。

「賃借人は、賃借物を受け取った後にこれに生じた損傷（通常の使用及び収益によって生じた賃借物の損耗並びに賃借物の経年変化を除く。以下この条において同じ）がある場合において、賃貸借が終了したときは、

その損傷を原状に復する義務を負う。ただし、その損傷が賃借人の責めに帰することができない事由によるものであるときは、この限りでない。」（改正民法第621条）

　すなわち、通常の使用によって生じた物件の損耗や経年劣化については、借主が回復する義務を負わないことが改めて明示されました。

　たとえば、XがYに部屋を貸したとします。年月が経つことによる劣化や通常の使用方法（住んでいるだけ等）で損傷を生じた場合は、従来の判例どおり、原状回復義務を負わないことが明らかになりました。

　しかし、Yが居住するだけの目的で住居を賃借したにもかかわらず、たとえば雀荘として使用していたような場合は、XY間で取り決めた使用方法を逸脱しているのですから、タバコの焼け焦げなどについては、Yが損害賠償義務を負うのは当然です。

　このように、従来の考え方を明文化しました。

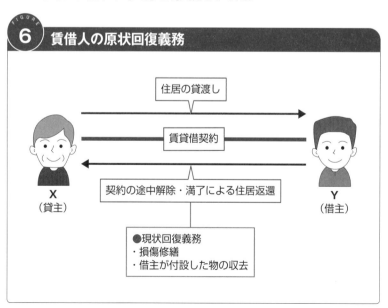

FIGURE 6　賃借人の原状回復義務

住居の貸渡し

賃貸借契約

契約の途中解除・満了による住居返還

X（貸主）

Y（借主）

●現状回復義務
・損傷修繕
・借主が付設した物の収去

敷金

> 賃貸借契約において、賃料債務等を担保する目的で借主が貸主に対して交付する金銭を敷金といいます。

　敷金とは、賃借人が賃借物件を借りてから明け渡すまでの債務を担保するため、賃借人から賃貸人に預けておく金銭等です。

　旧法では、「敷金」という文言は散見されますが、これまで敷金は商習慣としてあっただけで、その定義や敷金の返還義務などに関しては法律上で規定されていませんでした。つまり、家屋の賃貸借で入居時に借主が貸主へ預けている敷金は、特に民法で要求されているわけではありません。

　ただ、敷金は賃貸借終了時に賃借人に返還すべきものであるということ、そして、その具体的返還時期は賃借物の明渡し時であることは、慣習として理解されていました。

　ここでは、Xがマンションの一部屋を賃料10万円でYに賃貸し、敷金が30万円だった場合で考えてみましょう。

1 敷金の定義（改正の要点）

　改正後の民法では、敷金の定義は以下のように明文化されました。

　「敷金とは、いかなる名目によるかを問わず、賃料債務その他の賃貸借に基づいて生ずる賃借人の賃貸人に対する金銭の給付債務を担保する目的で、賃借人が賃貸人に交付する金銭をいう。そして、借主の賃料の滞納などがあった場合に、その弁済に充てるものであり、弁済に充てた後に残った敷金は、借主に返還しなければならない。」（改正民法第622条の2）

YがXに渡す金銭は、「礼金」「保証金」「建設協力金」といった名目でも、すべて敷金として扱われます。また、本事例のような不動産の賃貸借に限定されているわけでもありません。

　敷金の具体的返還時期は、賃貸借が終了し、かつ、賃貸物の返還を受けたとき、又は、賃借人が適法に賃借権を譲り渡したときとされました。後半の部分は従来、様々な解釈があったところであり、それに決着をつけたかたちです。

　たとえば、ＸＹ間の賃借権契約が終了し、かつＹが賃借していた部屋をＸに明け渡したあとに、敷金はＹに返還されます。また、ＹがＸの承諾を得てＺに賃借権を譲渡したとき、敷金はＺに譲渡されないので、Ｘは敷金をＹに返還しなければなりません。

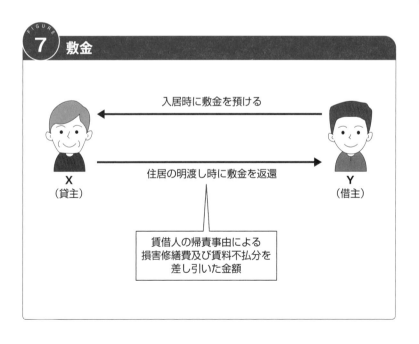

FIGURE
7 敷金

入居時に敷金を預ける

Ｘ
（貸主）

住居の明渡し時に敷金を返還

Ｙ
（借主）

賃借人の帰責事由による
損害修繕費及び賃料不払分を
差し引いた金額

CHAPTER
9
8

使用貸借

友人間での服や本の貸し借りのような無償の貸借契約を使用貸借といいます。使用貸借終了後には、借主は借用物について原状回復と付属物の収去をしなければなりません。

使用貸借は、当事者の一方（借主）が無償で使用及び収益をしたあとに返還することを約束して、相手方（貸主）からある物を受け取ることで成立する契約です。

使用貸借と賃貸借の違いは、賃貸借では賃料を支払うのに対し、使用貸借では、友人間での本の貸し借りのように無償で物を借りる、ということです。

使用貸借は、当事者が使用貸借期間を定めたときは期間満了で終了します。期間を定めない場合で、使用及び収益の目的を定めたときは、借主がその目的に従い使用及び収益を終えることで終了します。

また、期間及び使用目的を定めなかったときは、いつでも貸主は返還請求ができます。

1 借主の地位（改正の要点）

旧法では、使用貸借は要物契約といって、物を受け取ることで契約が成立していましたが、新法では当事者の合意により契約が成立する諾成契約となることで、貸主は借主に対して貸す義務が生まれ、借主が不安定な地位に置かれることがなくなりました。

新法では、使用貸借の終了規定のほかに、「借主が使用及び収益をするのに足りる期間を経過したとき、貸主は契約を解除できる」との文言が加えられました。

その他の主な改正点は以下のものです。

● 終了後の原状回復義務

　借主は、使用貸借終了後には借用物について原状回復と付属物の収去をしなければなりません。

　新法では、借主が借用物を受け取ったあとに付属させた物を収去する義務があるが、借用物から分離できない物又は分離に過分の費用を要する場合は、この限りではないとされました。

　また、借主は借用物を受け取ったあとに損傷させた場合は、終了時にはその損傷を現状に復する義務を負うことが明文化されました。

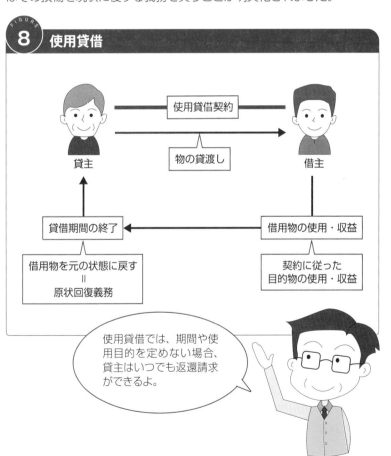

FIGURE
8
使用貸借

使用貸借契約

貸主　　物の貸渡し　　借主

貸借期間の終了　←　借用物の使用・収益

借用物を元の状態に戻す
＝
原状回復義務

契約に従った
目的物の使用・収益

使用貸借では、期間や使用目的を定めない場合、貸主はいつでも返還請求ができるよ。

9 贈与

> 贈与契約は、自分もしくは他人の財産を無償で相手方に贈与する諾成契約で、口頭での約束でも契約として認められます。

　贈与契約とは、財産を無償で相手方に与える契約です。当事者の一方の**贈与者**が自分の財産を無償で相手方に与える意思を表示し、相手方である**受贈者**が受諾をすることによって成立する諾成契約です。

　贈与者は、契約によって負った義務を債務として履行しなければなりません。ただし、贈与契約は無償であるため、贈与者の義務は有償契約に比べて軽いのが特徴です。権利を移転する契約だということです。

　また、贈与契約は諾成契約ですから書面によらない契約も存在します。書面によらない贈与契約の場合、まだ履行していないぶんを取り消すことができます。

　では、贈与についてどのような点が改正されたのか見てみましょう。

他人物贈与の明文化と責任（改正の要点）

　新法では、以下の項目が改正されるとともに明文化されました。

●他人物贈与の有効性の明文化

　旧法では、当事者の一方が自分の財産を無償で相手方に与える意思を表示し、相手方が受諾をすることによって、贈与契約は成立するとされていました。

　しかし新法では、贈与する財産が「自分の財産」から「ある財産」へと改められ、**他人物贈与**の有効性が明文化されました。

　他人物贈与の場合、贈与者は他人物の所有権を取得した上で受贈者に移転する義務があります。

●贈与者の瑕疵担保責任

　旧法では、贈与者は贈与した物や権利に瑕疵などがあっても責任を負いませんが、贈与者がその瑕疵を知りながら受贈者に告げなかったときは責任を負う、とされていました。

　しかし新法では、贈与した物や権利に瑕疵などがあっても、受贈者がそれを知っていたときの状態で引き渡しているので、贈与者は**瑕疵担保責任**を負わないということになります。

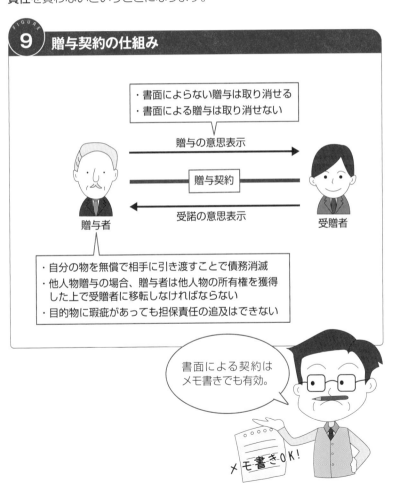

FIGURE

9 贈与契約の仕組み

・書面によらない贈与は取り消せる
・書面による贈与は取り消せない

贈与の意思表示 →

贈与契約

← 受諾の意思表示

贈与者　　　　　　　　　　　　　受贈者

・自分の物を無償で相手に引き渡すことで債務消滅
・他人物贈与の場合、贈与者は他人物の所有権を獲得した上で受贈者に移転しなければならない
・目的物に瑕疵があっても担保責任の追及はできない

書面による契約は
メモ書きでも有効。

メモ書きOK!

「悪法もまた法なり」は、憲法に則っているか？

1980年（昭和55年）まで、民法は聾者・唖者を準禁治産者（現在の被保佐人）として人権を制限していました。

生まれつき耳が聞こえない人は、口のきけない人となるでしょう。人生の途中で耳が聞こえなくなった人は、口がきけるのが普通です。

しかし、聾者・唖者はその人権の一部が制限されていたのです。さすがにこれらの規定は1980年の改正で削除されましたが、立法者はどういうつもりでこれらの規定を置いていたのでしょうか。そして、なぜ長年にわたりこの規定の適用があったのでしょうか。

これは明らかな差別です。ある意味、ハンセン病問題と似ているところがあります。

日本がこんな国だったんだということを忘れてはなりません。

たしかに法治国家です。

しかし、その陰で悪法にゆがめられていることを忘れてはなりません。作られる法が正しい手続きを踏んでいて内容も正しいものでないならば、それに従う必要はありません。

「悪法もまた法なり」とする考え方は駆逐されるべきでしょう。

その他の典型契約

　民法の債権各論には売買契約、賃貸借契約を始めとする典型契約についての条文が並んでいます。

　典型契約とは、民法に規定してある契約と思えばいいでしょう。名前がある契約ですから、有名契約ともいいます。

　この中でよく実務で取り扱われるのは「委任契約」でしょう。委任については、旧法はローマ法以来の考え方に縛られていて、信頼関係を重視する傾向がありましたが、新法は少し修正を加えています。

　その他、本章では「組合」についてページを割きました。生活や実務とはあまり関係のない規定なのですが、組合も典型契約の一つで、この機会に組合の成立要件や仕組みを知っていただきたいと考えたからです。

　全体として、実務に役立つ内容になっています。

請負

請負とは、請負人が目的の成果物を完成させることを約束し、
発注者がその結果に対して報酬を支払う契約です。

請負契約は、発注者の指揮命令を受けることなく、請負人の裁量で仕
事を遂行し、目的の成果物を完成させる義務を負う契約をいいます。

代表的なものに、ビルやマンションの建設工事、IT システム開発など
の請負契約があります。

新法では請負契約のどのような点が修正され、あるいはどのような項
目が新設されたのでしょう。

1 瑕疵担保責任（改正の要点）

新法では、以下の項目が改正されました。

● 「瑕疵」から「契約不適合」に変更

旧法では、請負人が発注者に納品した目的物に傷や不良品といった不
具合がある場合に、請負人が負う義務として「**瑕疵担保責任**」という文
言がありました。その場合には、発注者は請負人に対して契約を解除し
たり、損害賠償請求をすることができます。

新法では、この瑕疵担保責任における「瑕疵」を「**目的物が種類又は
品質に関して契約の内容に適合しない（契約不適合）**」という文言に変更
されました。

● 代金減額請求が可能に

旧法では、瑕疵担保責任の内容として、①修補請求、②解除、③損害
賠償請求ができるだけでしたが、新法ではこの三つに加えて、**代金減額**

請求ができるようになりました。

　建築請負契約を例にとると、請負人から引き渡された建物に欠陥箇所が多く見つかるなど、「契約不適合」（＝瑕疵）が認められた場合には、発注者は欠陥の内容・程度に応じて、請負人に支払う**代金の減額を請求できる**ように改正されたわけです。

●請負人の担保責任期間と注文者の責任追及期間

　旧法では、土地の建築物などについては、引き渡された発注者がすぐに気づけないような契約不適合（建物の瑕疵）を考慮して、非堅固建物は引き渡しを受けてから5年、また堅固建物は10年という担保責任請求の猶予が設けられていました。

　しかし、新法では、権利保存行為の規定（不適合を知ったときから1年以内に通知）が適用されることとなりました。発注者がその不適合を知ったときから1年以内にその旨を請負人に通知しないときは、発注者は、その不適合を理由として、履行の追完の請求、報酬の減額の請求、損害賠償の請求及び契約の解除をすることができないとされています。

　また、仕事の目的物が契約不適合であることを請負人が知り、または重過失で知らなかったときは、発注者の権利行使には1年間の通知期間制限が適用されないことになります。

●修補請求についての制限

　瑕疵担保責任の一つである「**修補請求**」については、旧法では瑕疵の軽重に応じて、修補請求ができる場合とできない場合とに分けられていました。しかし、修補に過分な費用がかかる場合でも修補請求ができるというのは、請負人にとってあまりにも酷であり、こうした場合は修補ではなく、損害賠償なり解除の選択肢をとらせるのが合理的ともいえます。

　そこで新法では、瑕疵の重要度に関係なく、修補に過分な費用がかかるケースでは、発注者は請負人に対して建築工事の修補請求ができない、と改められました。

1 請負契約における報酬の支払い

●請負仕事と報酬の支払い

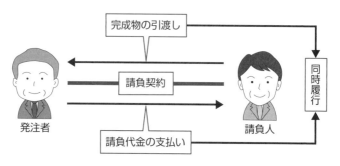

●目的物が完成に至らない場合の報酬請求

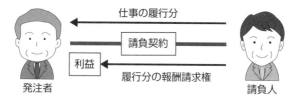

●目的物に契約不適合がある場合

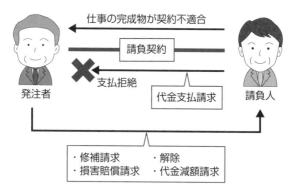

目的物が完成に至らなくても、発注者に利益がある場合は作成した割合に応じて報酬請求ができるようになりました。また、準委任契約においても、目的物が完成して初めて報酬を請求できるというかたちの契約が可能になりました。

●目的物が完成に至らない場合の報酬請求

旧法では、請負人にとって目的物を完成させない限り、発注者への**報酬請求**ができませんでした。

しかし新法では、目的物が完成に至らなくても、作成した可分な部分だけでも発注者に利益がある場合には、その利益の割合に応じて報酬請求ができるように改められました。

●成果完成型の準委任契約が認められた

旧法では、**履行割合型**という、提供した労働時間や作業量をもとに報酬を支払うタイプの**準委任契約**だけが認められていました。

しかし、新法では履行割合型のほかに、新たに**成果完成型**という、目的物を完成して初めて発注者に報酬を請求できる、というかたちの準委任契約が認められました。

この準委任契約は請負契約と似ていますが、受任者に「**仕事の完成**」が義務付けられるわけではなく、受任者は完成のための善管注意義務を果たせばよく、仕事の完成が義務にまではならない点で、請負契約とは異なります。しかし、実際には契約名が業務委託契約でも、その内容が請負契約であるものも数多くあります。

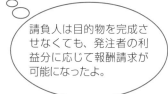

請負人は目的物を完成させなくても、発注者の利益分に応じて報酬請求が可能になったよ。

CHAPTER 10-2

委任

> 「委任契約」は、当事者の一方（委任者）が相手方（受任者）に対して法律行為をすることを委託する内容の契約です。

　委任と似たものに「**準委任**」があります。これは、委任と異なり、法律行為を伴わない事務などを委任することです。ただし、準委任にも委任の規定が準用されます。

　委任は、原則として無償契約とされていますが、有償契約を結ぶことも可能です。

　委任は委任者と受任者の信頼を基礎としている関係上、無償、有償にかかわらず受任者には善管注意義務があります。その信頼関係が損なわれた場合、当事者はいつでも理由なく解除できるとされています。ただし、有償委任の場合、委任者がやむを得ない事由もなく解除権を行使しようとしても、委任者の解除権が制限されます。

　業務として行う場合は、受任者には善管注意義務のほか、報告義務、受託物の引渡し義務、金銭消費責任があります。

　一方、委任者には費用の前払い義務や費用・利息の償還義務、受任者の代弁済分支払い義務、損害賠償義務があります。

　委任の終了は、委任者あるいは受任者の死亡、破産のほか、受任者の後見開始の場合があります。

　では、委任について新法ではどのようなことが改正され、また新設されたのか見てみましょう。

1 復受任者の選任（改正の要点）

　旧法では、受任者が**復受任者**を選任することについての明文規定がありませんでした。

そこで新法では、受任者が**復受任者**を選任する場合、受任者自らの義務を明確にするために、「受任者は、委任者の許諾を得たとき、もしくはやむを得ない事由がなければ復受任者を選任できない」と規定されました。

　また、代理権を付与する委任の場合、代理権を付与された復受任者は委任者に対して、その権限の範囲内で受任者と同一の権利を有し、義務を負うことも定められました。

　受任者の報酬と請求時期については、委任契約の内容によって、以下のように見直されました。

・受任者の事務処理の労務に対しては、「雇用」と同じ規定。
・受任者の事務処理の成果に対しては、「請負」と同じ規定。

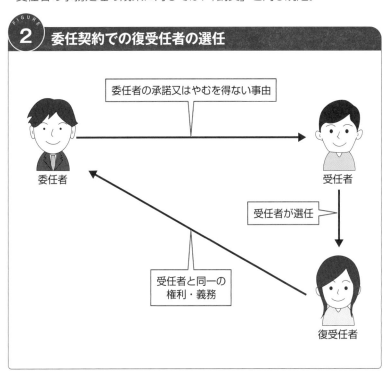

FIGURE 2　委任契約での復受任者の選任

委任者の承諾又はやむを得ない事由

委任者

受任者

受任者が選任

受任者と同一の
権利・義務

復受任者

受任者の報酬

委任者から法律行為などの事務を委託された受任者は、自由裁量によってその事務を処理し、委任者から報酬を受け取ることができます。

委任契約は原則として無報酬ですが、特約がある場合には受任者は報酬を請求することができます。

1 受任者の報酬（改正の要点）

受任者の報酬について旧法では、受任者の帰責事由ではなく委任が履行の中途で終了したときは、すでに履行したぶんの報酬を請求することができる、とされていました。

しかし、新法では次のようにされました。

「受任者は、次の場合には、すでにした履行の割合に応じて報酬を請求することができる。

①委任者の責めに帰することができない事由によって委任事務の履行をすることができなくなったとき。
②委任が履行の中途で終了したとき。」

上記①は、委任者と受任者のどちらにも帰責事由がなく委任が履行の中途で終了したときのほか、受任者に帰責事由があって委任が履行の中途で終了したときも含まれます。

すなわち新法では、受任者に帰責事由があるか否かにかかわらず、委任が中途で終了すれば、委任者はすでに履行したぶんの報酬を請求できることになります。

一方、②は、受任者はすでに履行したぶんだけではなく、予定されていた履行のすべてについて報酬を請求できるとされました。

ところで委任契約には、上記のような事務処理の労務に対して報酬を支払う**雇用契約型**と、事務処理による成果に対して報酬を支払う請負的な**成果報酬型**があるとされています。

ところが旧法では、事務処理による成果に対して報酬を支払う成果報酬型についての報酬時期の規定がありませんでした。

2 報酬の請求（改正の要点）

そこで新法では、事務処理の成果が物の引渡しを要するときは引渡しと同時に、物の引渡しを要しないときは成果が完成したあとに報酬を請求することができる、とされました。

また、委任契約が途中で終了した場合は、以下のとおり履行割合に応じた給付が可能となりました。

● **委任契約が途中で終了した場合の報酬請求権**

・事務処理の労務に報酬を支払う場合

受任者は、委任事務の履行が不能となった場合や委任契約が途中で終了した場合には、受任者の帰責事由を問わず、すでに行った履行の割合に応じて、委任者に報酬を請求できるようになりました。

・事務処理の成果に対して報酬を支払う場合

受任者は、成果の完成が不能となった場合や成果を得る前に委任契約が解除された場合は、すでに行った委任事務の履行の結果が可分で、かつ、その給付によって委任者が利益を受けるときは、その利益の割合に応じて、委任者に報酬を請求することができる、とされました。

ただし、これらの規定は任意規定であり、当事者間でこれと異なる合意をすることができます。

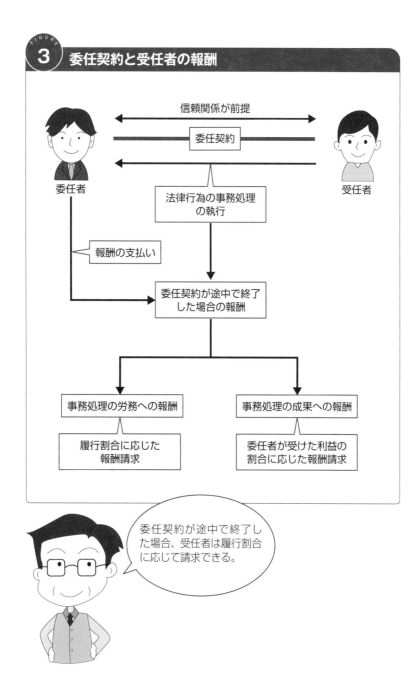

3 委任契約と受任者の報酬

信頼関係が前提

委任契約

委任者

受任者

法律行為の事務処理
の執行

報酬の支払い

委任契約が途中で終了
した場合の報酬

事務処理の労務への報酬

履行割合に応じた
報酬請求

事務処理の成果への報酬

委任者が受けた利益の
割合に応じた報酬請求

委任契約が途中で終了し
た場合、受任者は履行割合
に応じて請求できる。

委任契約の解除

委任契約は当事者双方がいつでも解除できますが、相手方に不利な時期の解除の場合は、相手方に対して損害賠償の責を負うことになります。

委任契約は当事者間の信頼関係を基礎とする契約です。雇用契約や請負契約と異なり、信頼関係が損なわれたなどの場合には存続する意味がないので、委任者・受任者の双方は、いつでも自由に委任契約を**解除**することができるとされています。

ただし、委任契約の任意解除が相手方の不利な時期になされたときは相手方の損害を賠償しなければならないことと、その解除にやむを得ない事由があったときは損害賠償責任を負わないことを定めています。このように、解除には制限が設けられていました。

1 解除についての制限（改正の要点）

新法では以下のように、判例による解除についての制限を具現化しました。

「委任の解除をした者は、次に掲げる場合には、相手方の損害を賠償しなければならない。ただし、やむを得ない事由があったときは、この限りでない。

・相手方に不利な時期に委任を解除したとき。
・委任者が受任者の利益（専ら報酬を得ることによるものを除く）をも目的とする委任を解除したとき。」（改正民法第651条2項）

その他の改正点としては、契約を解除できる条件が緩和されたことがあります。

CHAPTER **10** その他の典型契約

旧法では、瑕疵により「契約をした目的を達することができない」場合でなければ、瑕疵担保責任に基づいて契約を解除することができないとし、解除の条件を厳しくしていました。

　これに対して改正法の第641条の2では、不履行の内容が「軽微」といえるような例外的な場合でなければ解除できるとされました。

　すなわち、軽微とはいえない契約不適合があった場合、委任者が受任者に契約に従った履行をせよとの催告の通知をして、それでも受任者が契約に従って履行しなかったときに、初めて契約を解除できるというものです。

　一方、目的の完成物に瑕疵が多く予定時期に稼働できず、瑕疵の修補に多大な費用がかかるなどの場合には、催告なしですぐに契約を解除できるというものです。

　これらの変更が契約の実務にどのような影響を与えるのか――、たとえば、改正法の不履行内容の「軽微」が何をもって軽微といえるかは明確ではなく、判例が蓄積されるのを待つ必要があります。

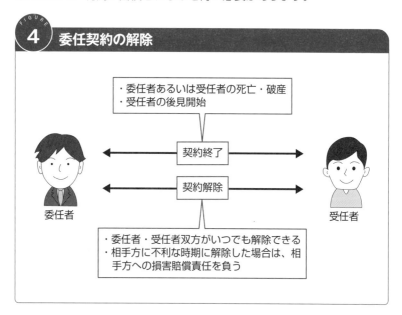

FIGURE 4　委任契約の解除

・委任者あるいは受任者の死亡・破産
・受任者の後見開始

契約終了

契約解除

委任者

受任者

・委任者・受任者双方がいつでも解除できる
・相手方に不利な時期に解除した場合は、相手方への損害賠償責任を負う

雇用契約

CHAPTER
10
5

雇用契約では、期間の定めがない雇用が問題となります。労働者からの解約申入れはいつでも可能ですが、使用者からの解約には条件が定められています。

雇用契約は、労働者（被雇用者）の労働への従事と、それに対する使用者（雇用者）の報酬支払いの約束によって成立する契約です。労働者の報酬は、約束した労働の終了後でないと請求できないのが原則です。

また、期間限定の労働への報酬は、期間経過後でなければ請求できませんが、当事者双方の責任又は労働者の責任によって労働できないときや、労働者が死亡したり契約が中途で解約されたときは、すでに行った労働分に応じて報酬請求をすることができます。今回の改正でこれが明文化されました。

 雇用期間（改正の要点）

新法では、以下の項目が改正されました。

●期間限定の雇用の解除

雇用期間が5年を超える場合や、期間が不確定の場合には、雇用期間が5年経過したあと、当事者双方からいつでも契約を解除できます。ただし、契約解除には、使用者は3か月前に、労働者は2週間前にその予告が必要です。

●期間の定めのない雇用の解約

雇用期間の定めがない場合は、当事者双方はいつでも解約の申入れをすることができます。そして、解約の申入れから2週間の経過で雇用契

約は終了します。

　また、雇用期間を定めず、報酬を期間によって定めていた場合、労働者からの解約申入れはいつでも可能です。一方、使用者からの解約申入れは、定めていた期間の前半であれば、期間の経過後についての解約のみ認められます。

　ただし、6か月以上の期間で報酬を定めた場合には、使用者からの解約申入れは3か月前までです。このように、解約申入れの制限は、使用者と労働者で異なります。

■雇用期間の定めのない雇用解除の申入れ

	解約申入れができる時期	
	使用者	労働者
雇用期間の定めが ない場合	いつでも可 （2週間経過後に終了）	いつでも可 （2週間経過後に終了）
期間によって報酬を 定めた場合	当期前半まで	いつでも可 （2週間経過後に終了）
6か月以上の期間で 報酬を定めた場合	3か月前まで	いつでも可 （2週間経過後に終了）

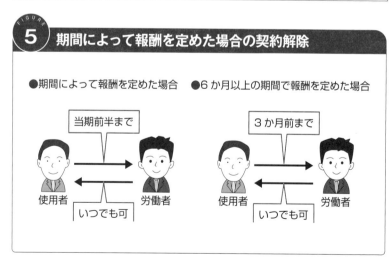

FIGURE
5　期間によって報酬を定めた場合の契約解除

●期間によって報酬を定めた場合　●6か月以上の期間で報酬を定めた場合

当期前半まで

使用者　労働者
いつでも可

3か月前まで

使用者　労働者
いつでも可

寄託

寄託は物の保管を依頼する場合の契約で、有償でも無償でもかまいません。物を預かった者は保管について、有償の場合は善管注意義務、無償の場合は自己の財産と同一の注意義務を負います。

寄託とは、当事者の一方が相手のために保管することを約束して、ある物を受け取る契約です。

この契約は、倉庫など物を預かる側（受寄者）が、寄託者から寄託物を受け取ることで成立します。

では、寄託について新法ではどのような改正がなされたのでしょうか。

1 寄託の諾成契約化（改正の要点）

新法では、以下の項目が改正されるとともに明文化されました。

寄託の成立要件として、旧法では「寄託は、当事者の一方が相手のために保管することを約してある物を受け取ることによって、その効力が生ずる」とされていました。

それが新法では「寄託は、当事者の一方が相手のためにある物を保管することを約し、相手方がこれを承諾することによって、その効力が生ずる」と改められました。

これが意味するのは、旧法では寄託物の交付が寄託の成立要件とされていましたが、新法では寄託物の交付がなくても当事者間の合意があれば契約が成立するということです。すなわち、要物契約が諾成契約化したということになります。

2 契約の解除

・寄託者による解除

寄託者は、受寄者が寄託物を受け取るまで、契約の解除をすることができます。ただし、この解除によって受寄者が損害を受けたときは、寄託者はその賠償をしないといけません。

新法では、寄託者は、受寄者が寄託物を受け取ったあとも、いつでも寄託物の返還を求めることができるという文言が加えられました。

・受寄者による解除

無報酬の受寄者は、寄託物を受け取るまで、契約の解除をすることができます。ただし、書面によって寄託契約を締結していた場合、受寄者はこの解除をすることはできません。書面で契約をしたのであれば、受寄者が安易に約束したのではないといえるからです。

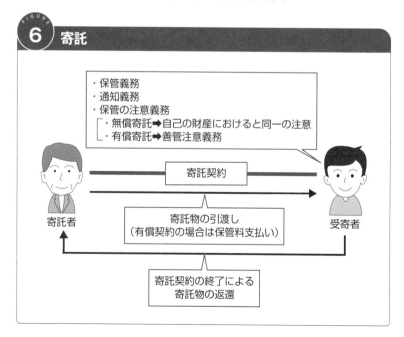

FIGURE 6 寄託

・保管義務
・通知義務
・保管の注意義務
　「・無償寄託➡自己の財産におけると同一の注意
　└・有償寄託➡善管注意義務

寄託契約

寄託者　→　受寄者

寄託物の引渡し
（有償契約の場合は保管料支払い）

寄託契約の終了による
寄託物の返還

7 組合及び他の組合員の不履行

組合は、投資者である組合員の合意で共同事業を行うことですが、法人ではないので、業務執行は組合員全員で行うのが原則です。

組合は、複数人の投資者がそれぞれ出資をして、共同の事業を営むことを約する契約をいいます。民法としては組合契約を指しますが、団体として法人格はありません。また、組合が行う事業は営利目的でも非営目的でもかまいません。

組合は、全構成員（組合員）の共同の意思によって存在し、組合の業務執行は原則として全員で行います。

組合では組合員全員が出資の義務を負担する必要がありますが、出資の内容は金銭以外でも、土地家屋など財産的価値のあるものであれば足りるとされています。組合の財産は、組合員全員の共有になり、組合の債務は各組合員が直接義務を負います。

では、組合についてどのような点が修正され、またどのような規定が新設されたのかを見てみましょう。

1 組合員の項目を新設（改正の要点）

新法では、以下の項目が新設とともに改正されました。

●組合員の加入

旧法では、組合員の除名・脱退の規定はありましたが、組合成立後に新たに加入する組合員についての規定がありませんでした。そこで新法では、「組合員は、その全員の同意によって、又は組合契約の定めるところにより、新たに組合員を加入させることができる」との規定が新設されました。

CHAPTER 10 その他の典型契約

155

また、新しい組合員は加入前に生じた組合の債務については弁済する責任がないことも加えられました。

●他の組合員の不履行

　組合員の一人が債務の履行をしないことを理由に、組合契約の履行拒絶や解除をすることはできません。

●業務の決定・執行

　組合の業務は組合員の過半数で決定し、各組合員が執行しますが、この業務の決定及び執行を委任することができます。委任された人を「**業務執行者**」といい、組合員でも組合員以外の第三者でも業務執行者になれることが、新法で明文化されました。

●組合の代理

　組合には法人格がないので、組合が対外的に法律行為をするときには、基本的に組合員全員が共同して行うことになります。しかし、これは現実的には無理があるので、組合契約で業務執行を委任された者、すなわち業務執行者が対外的な代理権を行使することになります。

　業務執行者が置かれた場合は、組合員の過半数の同意を得ても、各組合員が他の組合員の代理をすることはできません。

●組合の債権者の権利の行使

　組合の債権者は、組合員の共有の財産に対して権利の行使をすることができますが、その債権の発生の時に組合員の損失分担の割合を知らなかったときは、各組合員に対して等しい割合でその権利を行使することができます。ただし、組合の債権者がその債権の発生の時に各組合員の損失分担の割合を知っていたときは、その割合による、と新法では改められました。

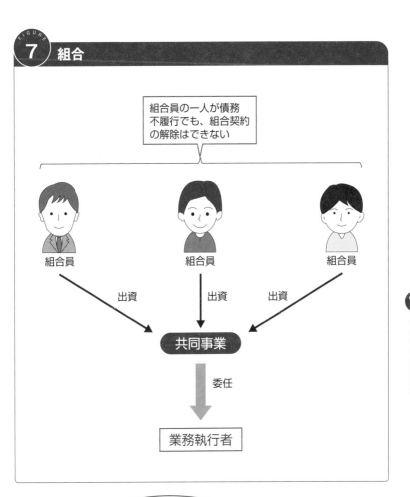

FIGURE
7 組合

組合員の一人が債務
不履行でも、組合契約
の解除はできない

組合員　　　　組合員　　　　組合員

出資　　　　出資　　　　出資

共同事業

委任

業務執行者

組合契約の代表的なものに建設
工事共同体があるよ。建設会社
数社が大規模なビル建設工事を
共同して行うために結成される。

被相続人の「被」って、何？

2000年（平成12年）の改正により、禁治産者は成年被後見人となり、準禁治産者は被保佐人と被補助人に分かれました。

私は、この「被」という言葉には違和感を覚えます。

被後見制度も、被保佐人、被補助人の制度も彼らの保護を目的としています。しかし、「被」という言葉が付いただけで、その人たちは遠くへ追いやられ、制度の中心にはいられないのです。

このことは「被相続人」を考えれば明らかだと思います。

相続は「相続人のための制度」であると思われます。残された者をどのように保護していくかバランスをとる制度で、被相続人は遺言以外はあまり関係はないのです。

もう一度、「被」という言葉を制限行為能力者から外したほうがいいと思います。何でも「被」を付ければいいというものではありません。

彼らを中心とした保護制度であることを言葉で表すべきです。

相続

　親族法は、この改正の前に大きな改正をすでに経ています。

　相続は、旧法どおりにすると、あまりよい結果を生まないことがたくさんありました。

　今回の改正では、その問題となった一部について修正を加えています。

　最ももめるのが相続です。新法は、配偶者の地位を保護するとともに、相続人以外の貢献も考慮しました。

　最近、相続人以外が被相続人の最期を看取るケースも増加しています。ただ、親族に限るという制約が付いていることへの評価は分かれるところです。

　相続にも強い実務家は信頼されます。ぜひ、相続についての理解を深め、ビジネスに生活に役立ててください。

配偶者居住権

配偶者居住権とは、被相続人が亡くなったあと、その配偶者が、相続前に住んでいた自宅にそのまま住み続けることができる権利です。

居住権とは文字どおり「住むことができる権利」をいいます。**配偶者居住権**とは、被相続人が亡くなったあと、その配偶者が、相続前に住んでいた自宅にそのまま住み続けることができる権利です。

旧法では、配偶者が自宅の権利を相続しなかった場合には、権利を相続した人から追い出されたり、また自宅を相続しても、遺産分割により自宅を売却しなければならないケースもありました。

たとえば、相続が開始したとき、被相続人に所有建物（評価額 2000万円）、預貯金が 1000万円あり、相続人が配偶者X（当該建物に居住中の妻とします）と子のA・Bだった場合、本来の相続ぶんはXが相続財産の2分の1＝1500万円、子は全体で 1500万円ですから、AとBは 750万円ずつということなります。

この子全体の 1500万円には、被相続人の所有建物の2分の1である 1000万円も含まれます。

もし、子A・Bが 1500万円をXに請求すると、Xがほかに預貯金等を持っていない限り、この居住建物を売却しなければならなくなります。

そうすると、Xには居住する建物がなくなります。これが大きな問題となっていました。

1 無償の居住権（改正の要点）

　この点について、新法では配偶者に無償の「居住権」を認めました。これが配偶者居住権であり、夫の生前、一緒に住んでいた家屋に住み続けることができる権利です。

　上記の例でいうと、所有建物 2000 万円を「配偶者居住権」の 1000 万円と「所有権」の 1000 万円の二つに分離します。配偶者は、配偶者居住権 1000 万円と預貯金 500 万円の合計 1500 万円を相続でき、住み続ける権利も保証されることになりました。

　これによって、配偶者は露頭に迷うことがなくなります。この居住権は配偶者が亡くなるまで続きますし、その旨の登記をしていれば、第三者にも対抗することができます。

　この居住権が認められるには、以下の要件が一つでもあることが必要となります。

・遺産分割（協議、調停、審判）によって、配偶者居住権を取得することが定められたとき。
・被相続人（遺言者）が配偶者居住権を遺贈の目的にしたとき。
・被相続人と配偶者とで、配偶者居住権を取得させる旨の死因贈与契約をしたとき。

　ただし、被相続人が相続開始の時に居住建物を配偶者以外の者と共有していた場合は、Xは居住権を取得できません。

CHAPTER

11

相続

FIGURE 1 配偶者居住権

（単位：円）

●改正前

住居 2000万　預貯金 1000万

〈遺産配分〉

配偶者
（1500万）

子全体
（1500万）

住居 1000万 ＋ 預貯金 500万　　　住居 1000万 ＋ 預貯金 500万

●改正後

住居 2000万　預貯金 1000万

〈遺産配分〉

配偶者
（1500万）

子全体
（1500万）

居住権 1000万 ＋ 預貯金 500万　　　住居所有権 1000万 ＋ 預貯金 500万

配偶者居住権がないと、
金銭のない配偶者は追い
出される恐れがある。

遺産分割

> 遺産分割とは、被相続人が遺言せずに死亡した場合に、残された遺産を各相続人の話し合いによって具体的に分配していくことをいいます。

遺言のない法定相続では、相続人の受取りぶんは割合でしか決めることができないので、具体的に誰がどの遺産を受け取るかについては、**遺産分割**によって決めることになります。

たとえば、**被相続人の遺産として土地X・Yと預貯金2000万円を子のAとB二人が相続した場合**、土地X・Yと預貯金も共有となります。それをX（時価1億円）はAの所有、Y（時価9000万円）はBの所有とし、預貯金については、土地の差額を考慮してAは500万円、Bは1500万円になったとします。これは、AとBの話し合いで決めるのですが、この配分のことを遺産分割といいます。

この遺産分割がなければ、A・Bとも金融機関から1円も下ろすことはできません。

1 払い戻せる額（改正の要点）

上記のように、遺産分割がなければ預貯金を引き出せないとすると、**相続税**を払うこともままなりません。

そこで今回の改正で、遺産に属する預貯金債権のうち、一定額については仮払いとして単独での払い戻しを認めることとされたのです。

払い戻せる額は、相続開始時の預貯金額の1／3×法定相続分です。上記のAの払い戻せる額は、預貯金の総額が2000万円なので、2000万円×1／3×法定相続分ということになります。ただし、一つの金融機関から払い戻しが受けられるのは、法務省令で150万円までとされています。

なお、払い戻しを受けた額はその人の相続分の中から差し引かれます。

そのほか、新法では以下の点が改正されました。

●配偶者の特別受益の持戻し免除

旧法では、相続人が複数いる場合に、被相続人から遺贈や寄贈によって特別に利益を受けた一部の相続人に対しては、相続分からその特別受益の価額が控除されていました。これを**持戻し**といいます。

新法では、婚姻期間が20年以上の夫婦の間で居住不動産が遺贈または寄贈された場合は、持戻し免除の意思表示があったものと推定し、持戻し免除をしないという意思表示があった場合に限り持戻しになる、と規定されました。

●遺産を処分した相続人の相続分から利益分の差し引く

旧法では、遺産分割前に一部の相続人が遺産の全部又は一部を処分した場合、その相続人がその処分で得た利益は相続分から差し引かれることはありませんでした。

しかし新法では、処分した人以外の相続人全員の同意があれば、処分された遺産も遺産分割の対象とし、その利益も処分した相続人の相続分から差し引くことになりました。

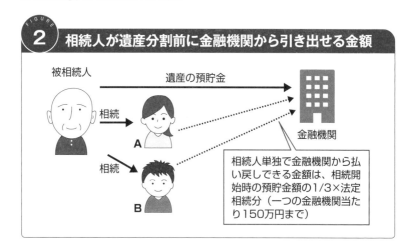

FIGURE
2 **相続人が遺産分割前に金融機関から引き出せる金額**

被相続人

遺産の預貯金

相続

A

金融機関

相続

B

相続人単独で金融機関から払い戻しできる金額は、相続開始時の預貯金額の1/3×法定相続分（一つの金融機関当たり150万円まで）

自筆証書遺言の方法

自筆証書遺言は、亡くなった人が自分の残す財産等についての意思表示を文書で残したものです。

遺言は、亡くなった人が自分の財産等について残した意思表示ですので、遺言の内容である文、日付、氏名をすべて自筆で書くことが求められました。これに印を押した遺言を**自筆証書遺言**といいます。

旧法では、この自筆証書遺言に添付する財産目録について、ワープロで書かれた物は無効でした。そうすると、不動産は登記簿謄本どおりに自筆で記入しなければならず、土地は所在地、地番、地目、地積などまで詳細に自筆で記入しなければなりません。また、改ざんのリスクを避けるため、封書に入れて封印する必要があります。

そして、家庭裁判所による**検認**が必要です。検認とは、相続人に対して遺言が存在すること、及びその内容を知らせるものです。

1 自筆証書遺言（改正の要点）

新法では、以下の点が改正されました。

●財産目録は自筆でなくてもよい

新法では、財産目録の部分については自書することを要しないこととされ、パソコンで作成したものでも有効となるように改正されました。

●自筆証書遺言は法務省で保管

また、改ざんのリスクを避けるため、法務局における自筆証書遺言の保管制度の創設が規定されました。これは、遺言者は自ら作成した自筆証書につき、**遺言書保管所**として指定された（住所地、本籍地、所有不

動産の所在地を管轄する）**法務局**に対して、当該遺言の保管申請を行うものです。

● 検認手続きが不要に

　従来は、自筆証書遺言が有効になるためには、家庭裁判所での検認という手続きが必要でした。しかも、検認には数週間かかることもあり、その間は相続手続きが止まっていました。

　新法では、自筆証書遺言を法務局に預けることができ、法務局に保管された自筆証書遺言については、検認手続きを要しないこととされました。

　従来は、法律にうとい人が書くと記載内容の不備が指摘され、法的な要件を満たさない可能性が高かった自筆証書遺言ですが、これらの改正により、作成面のハードルは下がると思われます。

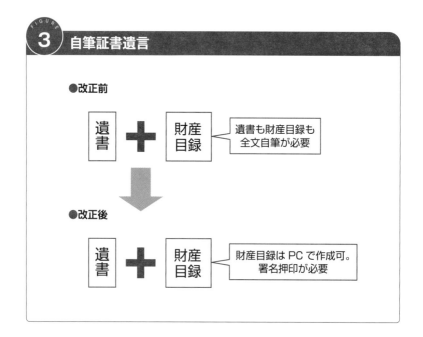

遺留分制度

遺留分とは、被相続人が決めた贈与や寄贈に関係なく、一定の
相続人が法律上取得することを保障された権利です。

遺留分とは、一定の相続人が必ず受け取れるように、法によって被相続人の財産中に留保された割合のことです。

相続財産には、分割するのが困難な土地・建物も含まれます。こうした場合、遺留分はどのように算定されるのでしょう。

たとえば、被相続人Xが会社を経営していて、その土地・建物が1億円であり、預貯金2000万円があって死亡しました。相続人は子のAとBです。

ところでXには、会社はAに承継させ、Bには預貯金2000万円を与えるという旨の遺言があったとします。

法定相続分はA・Bともに1億2000万円×1／2＝6000万円です。また、遺留分はその1／2で3000万円です。しかし、この事例においては、Bには2000万円しか相続分がなく、遺留分が侵害されています。

そこで、BはAへの遺留分減殺請求権を行使し、土地・建物をAと共有（Bの持分1000万円）することになります。

1 遺留分減殺請求を金銭請求に一本化（改正の要点）

新法では、以下の点が改正されました。

旧法では、**遺留分減殺請求**があった場合、贈与又は遺贈された財産そのものを返還する現物返還が原則とされていました。そのため、上記の例のように会社の資産が他の相続人と共有されることがあります。これは被相続人Xの意思と異なり、事業承継の支障となる可能性があります。

そこで新法では、遺留分を侵害された者（上記の件では子B）は、遺贈や贈与を受けた者（子A）に対し、**遺留分侵害額**（2019年7月より遺留分減殺請求額から改称）に相当する金銭の請求をすることができるようになります。つまり金銭債権になるということです。

　そして、遺贈や贈与を受けた者Aが金銭を直ちに準備することができない場合には、裁判所に対し、支払期限の猶予を求めることができます。

　これにより、A・Bによる会社の資産の共有状態を避けることができるようになるのです。

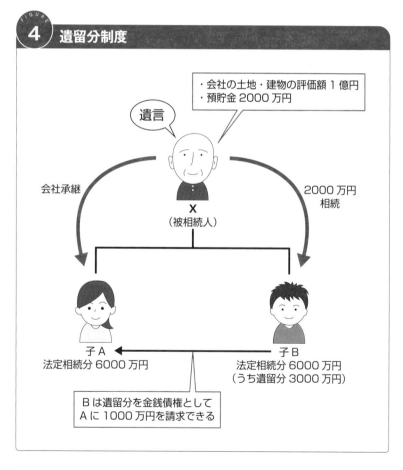

FIGURE
4　遺留分制度

・会社の土地・建物の評価額1億円
・預貯金2000万円

遺言

X
（被相続人）

会社承継

2000万円
相続

子A
法定相続分6000万円

子B
法定相続分6000万円
（うち遺留分3000万円）

Bは遺留分を金銭債権として
Aに1000万円を請求できる

相続の効力の見直し

法定相続分を超える権利を相続した者は、遺言があっても登記
や登録がなければ、法定相続分を超える部分について第三者に対
抗することができません。

相続が生じると、原則として**法定相続人**が法定相続分の財産（負の財
産を含む）を取得します。しかし、**被相続人**に**遺言**があればそれに従わ
なければなりません。その場合、相続人の一人が法定相続分に応じた持
分を善意の第三者に譲渡した場合、その第三者の権利はどうなるのでし
ょうか。

たとえば、X（親）が亡くなり、子のAとBが相続人ですが、Xには「X
所有の甲土地についてAに相続させる」との遺言がありました（甲土地
の評価額は2000万円で、Aの法定相続分を超えています）。ところが、
BはYから1000万円を借りていて、土地の相続があるから、そこから
支払うと言っていた事情がありました。

この場合、旧法では遺言が優先し、甲土地はAの所有物となり、Aに
登記がなくてもYは甲土地の2分の1を所有することができません。

これでは、所有権の登記は被相続人のままになる可能性があります。
さらに、遺言の内容を知り得ない債権者Yを不利益に取り扱うことにな
りかねません。

ただし上記の例で、AがXの遺言ではなく、寄贈や遺贈で甲土地を取
得した場合は、Yが先に登記していればYが甲土地の2分の1を所有
することができます。

1 法定相続分を超える財産の登記（改正の要点）

そこで、遺言によって取得した法定相続分を超える財産（本件では甲
土地）は、その旨の**登記**がなければ第三者に対抗することはできない、

CHAPTER 11 相続

169

ということになりました。

　これだと、YがAより先に差押えの登記をしていた場合は、のちになされたAの所有権移転の登記ではYに対抗できないので、Bが本来相続するはずであったBの持分について、AはYに対抗することができません。

　ちなみに、この対抗要件は目的物によって異なり、不動産の場合は登記、自動車の場合は登録、動産の場合は引渡しです。

　こうすることによって、登記への信頼も維持されるものと思われます。

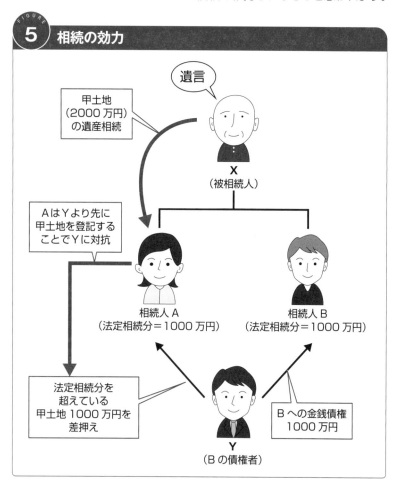

FIGURE 5　相続の効力

遺言

甲土地
（2000万円）
の遺産相続

X
（被相続人）

AはYより先に
甲土地を登記する
ことでYに対抗

相続人A
（法定相続分＝1000万円）

相続人B
（法定相続分＝1000万円）

法定相続分を
超えている
甲土地1000万円を
差押え

Bへの金銭債権
1000万円

Y
（Bの債権者）

相続人以外の者の貢献

寄与分は被相続人の財産の維持・増加に特別の寄与（貢献）を
したときの功労金ですが、相続人以外の人も対象となるのでしょ
うか。

民法には**寄与分**という制度があります。寄与分とは、被相続人の財産
の維持・増加に特別の寄与をしたときの功労金です。では、この寄与分
を受ける場合は、相続人以外の人たちも対象となるのでしょうか。

旧法では、たとえば、寄与分を受ける場合は、被相続人の存命中に労
務や資金を提供して被相続人の事業を助けたり、あるいは被相続人の介
護に尽くしたりして、被相続人の財産の維持・増加に特別の寄与をした
場合に受けられるのですが、寄与分を受けることができるのは**相続人**に
限られていました。

したがって、被相続人（家族に見放されている場合など）を最後まで
介護した愛人や実姉等には寄与分はありません。

1 被相続人の親族（改正の要点）

新法では、寄与分を受けることができるのは相続人に限るという規定
が改正され、「**被相続人の親族**」にまで範囲が広げられました。

親族とは、以下の人たちのことを意味します。

配偶者
六親等内の血族
三親等内の姻族

ただし、相続を放棄した者、相続人の欠格事由に該当する者及び廃除
された者等は含みません。

CHAPTER
11
相続

171

また、特別の寄与した者がその対価を受け取っていた場合も含まれません。

　したがって、実の姉には寄与分を受ける権利がありますが、愛人にはその資格はないことになります。

　判例ではよく事実婚をしている内縁の妻が最後まで献身的に介護したにもかかわらず、被相続人が死亡したあとに、いままで何の音沙汰もなかった妻や子が現れて、内縁の妻には何の相続分もない、ということがあります。

　しかし、この場合も内縁の妻は親族ではないので、やはり寄与分を受けることができません。

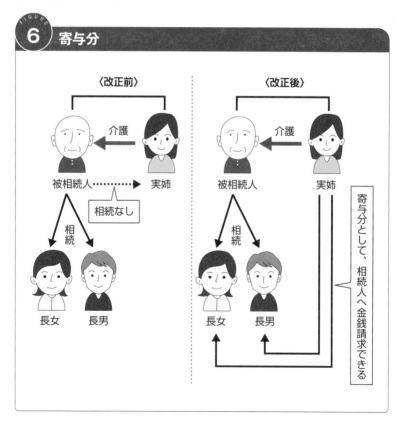

FIGURE
6　寄与分

〈改正前〉

介護

被相続人 ········▶ 実姉

相続なし

相続

長女　　長男

〈改正後〉

介護

被相続人　　　　実姉

相続

長女　　長男

寄与分として、相続人へ金銭請求できる

最後まで看病してくれた愛人には、寄与分がなくてもいいの？

　よく判例で見かけるのが、結婚している男Ｘが配偶者Ｙと実質的に別れ、恋愛関係にあるＺによる献身的な介護を受けつつ死亡した場合に、それまで何の便りもなかった妻Ｙや息子・娘たちが現れ、Ｚにとっては見たこともない人たちが相続していき、Ｚには一銭も入らない、という例です。

　何か憤りを感じますが、法律では恋愛関係にあるＺには寄与分が与えられないことになっているのだから……と諦めてしまいます。

　今回の改正で、寄与分を受ける人の範囲は相続人から親族まで広がりましたが、やはり、Ｚのような人にも何かしら与えるべきではないかと思います。

　この点については、今後の改正に期待したいところですね。

　現在の民法は全体的に見て、血族・姻族を大切にしています。

　まぁ、基準がなければどこまで保護すべきかわかりませんからね。

　しかし、保護し過ぎはどうかと思います。上記の例も含めて、どの範囲まで保護すべきかということについて、現実を踏まえて定めていただきたいものです。

● 著者紹介

三木 邦裕(みき くにひろ)

1952年生。1976年中央大学法学部卒。日本ペンクラブ会員。著書に『独学・過去問で効率的に突破する!「司法書士試験」勉強法』(同文館出版)、「今年こそ行政書士!」シリーズ、「今年こそ司法書士!」シリーズ、「今年こそ!宅建」シリーズ、『マンガ法律の抜け穴(9)ミステリーファイル・日常の迷宮編』、『土地家屋の法律知識』(以上、自由国民社)、『図解有限会社』(ナツメ)、『届出と手続集』(PHP研究所)、『公務員をめざす人の本』(成美堂出版)他多数。

● 執筆編集協力

オフィス イイダ

図解ポケット

最新民法がよくわかる本
【2020年民法改正対応版】

| 発行日 | 2020年 2月 3日 | 第1版第1刷 |
| | 2022年 9月 5日 | 第1版第3刷 |

著　者　三木　邦裕

発行者　斉藤　和邦
発行所　株式会社　秀和システム
〒135-0016
東京都江東区東陽2-4-2　新宮ビル2F
Tel 03-6264-3105(販売) Fax 03-6264-3094

印刷所　日経印刷株式会社　　　　Printed in Japan

ISBN978-4-7980-6032-3 C0032